目

1章　現代の子どもの健康課題

2章　領域「健康」における運動遊び

3章　幼稚園・保育所における運動遊び

子どもの
運動・遊び
－健康と安全を目指して－

監修：野井　真吾

編著：石濱 加奈子

著：鹿野 晶子 ／ 田中 浩二 ／ 土田 豊 ／ 並木 真理子 ／ 堀内 弓子

アイ・ケイ コーポレーション

はしがき

　日本の子どもたちは，多くの問題の渦中にいます。そのことは，国連子どもの権利委員会が示す「最終所見」に示されている通りです。社会環境に目を向けると，保育所や公園の子どもの声が騒音だといわれ，公園で大きな声を出して遊んでいると通報されたり，遊び場所がなくなったりといった事例も珍しいことではありません。17歳以下の子どもの相対的貧困率は13.5%（厚生労働省 2018），ひとり親家庭では48.1%にのぼり，もはや豊かとはいえない状況にあります。被虐待児は年々増加傾向にあり，いじめや不登校の問題も減少傾向には転じません。様々なアレルギー疾患も増加しており，それに加え新型コロナウィルスの猛威で日常生活を送ることさえ危ぶまれています。

　これらの問題を何とか解決するために，あらゆる手段を講じなければならないことは明らかです。

　しかし，すべての解決策に誰でも関わることができるわけではありません。一方で，誰でも手軽に実践できる解決策もあります。その一つが運動遊びを含む遊びです。

　遊びには，身体活動やコミュニケーションが必然的に内包されており，子どもは遊びを通して育っていきます。つまり，遊びは，からだと心の発達に不可欠な文化といえるのです。

　幼稚園や保育所は，ほとんどの子どもたちが初めて触れる社会となります。そこで出会う友だちはもちろん，保育者からも大きな影響を受けるでしょう。そのとき，そこにいる保育者が子どもの発達に応じた遊びをたくさん伝承し，経験させてあげることができれば，その経験は子どもたちの財産になるはずです。だからこそ，幼児期の楽しい遊びの経験が必要だといえます。

　本書は，幼児期の遊び経験が豊富になるよう，保育者と保育者を目指す方に向けて，現代の日本の子どもが抱える健康課題，幼稚園・保育所における運動や運動遊びの捉え方，運動や運動遊びの考え方，実践する際の環境構成，安全への配慮などをまとめました。

　年々在園時間が長時間化しており，幼稚園や保育所から帰宅した後の群れ遊びや外遊びが難しくなっています。そのため，幼児期の子どもたちが運動遊びを含む多様な遊びを経験することができるのは幼稚園・保育所であり，遊びを見守り，伝承し，楽しさを伝えることができる最大の功労者が保育者になると思うのです。日本の子どもの遊びを支えるのは保育者である，ともいえると思いますし，日本の子どもの未来を背負っているといっても過言ではないでしょう。だからこそ，保育に携わる方々には多くの遊びを経験し，知っておいてほしい，そして子どもたちに楽しい遊びを伝えてほしいという筆者らの思いを託しました。

本書の執筆・編集に際しましては，私自身が不慣れであるために，日本体育大学教授野井真吾先生に監修していただきました。

　大変お忙しいなか，1章に当たる「現代の子どもの健康問題」をご執筆の傍ら，あらゆるご相談に対し，その都度的確に丁寧なご回答とご確認をいただきましたことを心より感謝申し上げます。

　さらに，本書の出版にあたり，アイ・ケイコーポレーション森田富子社長，編集の信太ユカリさんには多くのアイデアをいただきながら企画や編集に大変ご尽力くださいまして，深く感謝しております。ありがとうございました。

　最後に，保育者を目指している方，実際に現場で保育に携わっている方，子どもに関わるすべての方々に本書が役立ち，日本の子どものからだと心が元気になるための一助となることを切に願っております。

編著者　洗足こども短期大学
石濱　加奈子

5章　運動遊びにおける安全管理　　　　　　　　　　　〈田中　浩二〉

執筆者紹介

監　修

野井　真吾（のい　しんご）

日本体育大学　体育学部　健康学科　教授

博士（体育科学）

東京理科大学理工学部講師，埼玉大学教育学部准教授を経て現職

日本体育大学大学院体育科学研究科修了

子どものからだと心・連絡会議 議長，教育科学研究会「身体と教育」部会 代表，
子どもの権利条約市民・NGO の会 共同代表，等

主要著書

『子どもの"からだと心"クライシス』かもがわ出版

『新版からだの"おかしさ"を科学する』かもがわ出版

『正しい姿勢で元気な体』金の星社

『めざせ！からだはかせ 全4巻』旬報社

『からだの元気大作戦！』芽ばえ社

『子どものからだと心白書』ブックハウス・エイチディ　他

編著者

石濱　加奈子（いしはま　かなこ）

洗足こども短期大学　幼児教育保育科　教授

博士（体育科学）

神奈川大学，明治学院大学，鶴見大学短期大学部等非常勤講師を経て現職

日本体育大学大学院体育科学研究科修了

主要著書

『子ども白書2021』かもがわ出版

『子どものからだと心白書2019』ブックハウス・エイチディ

分担執筆者

鹿野　晶子（しかの　あきこ）	日本体育大学　体育学部　健康学科　准教授	
田中　浩二（たなか　こうじ）	東京成徳短期大学　幼児教育科　特任教授	
土田　豊（とだ　ゆたか）	中国短期大学　保育学科　准教授	
並木　真理子（なみき　まりこ）	日本女子体育大学　体育学部　子ども運動学科　准教授	
堀内　弓子（ほりうち　ゆみこ）	横浜女子短期大学　保育科　教授	

五十音順

SECTION 1　学校健康診断，スポーツテストでみる子どもの健康課題

ねらい：日本の子どもの「健康」・「元気」・「体力」を確認しようと思うとき，真っ先に頭に浮かぶ資料に学校保健調査(いわゆる「学校健康診断」)や体力・運動能力調査(いわゆる「スポーツテスト」)がある。実は，日本ではごく当たり前のように行われているこれらの調査を，毎年欠かさず全国的な規模で行っている国は，世界を見渡しても日本だけである。そのため，これらの調査の結果は，日本だけではなく，人類にとってきわめて貴重な財産であり，国際的にも注目されている。

　ここでは，国際的財産ともいえる「学校健康診断」と「スポーツテスト」のデータを基に，子どもの健康課題を探究する。

1.　子どもの健康・元気・体力

（1）　子どものからだ元年

　戦後日本における子どもの健康課題は，劣悪な衛生状態による感染症や寄生虫病，あるいは，食糧難による虚弱児や脚気といった問題に始まり，高度経済成長期には公害問題が噴出して公害病が顕在化すると共に，便利で快適な生活に変貌していくなかで様々な健康課題がうきぼりにされた。『子どものからだと心白書2020』(子どものからだと心・連絡会議, 2020a)によると，「遠足で最後まで歩けない子がいる」との発言に対して，体力が低下したのか，根性がなくなったのか，それとも土踏まずの形成が遅くなったのか，ということが議論されたのは1960年のことであった。このことが教えてくれているように，戦後の日本において子どものからだが「どこかおかしい」，「ちょっと気になる」ということが，最初に心配され始めたのは1960年代であった。そのため，子どものからだと心・連絡会議では，1960年を「子どものからだ元年」と位置づけている。ただ当時は，保育・教育現場の先生方という，いわば専門家が感じる実感に過ぎなかった。以来60年，子どもの「健康」・「元気」・「体力」を心配する実感は，いまや一部の専門家だけのものではなくなってしまった。つまり，日本では半世紀以上に亘って，子どもの「健康」・「元気」・「体力」が心配され続けてきたことになる。

（2）　はじめの一歩

　一方で，あらゆる問題を解決するための「はじめの一歩」は，何といっても，可能な限り正確にその問題点を明らかにすることにある。このことは，子どもの「健康」・「元気」・「体力」についても同じである。その点，日本には，国際的にも貴重な財産といわれている「学校健康診断」と「スポーツテスト」のデータがある。まずは，それらのデータを概観してみることで，子どもの健康課題を探求してみたい。

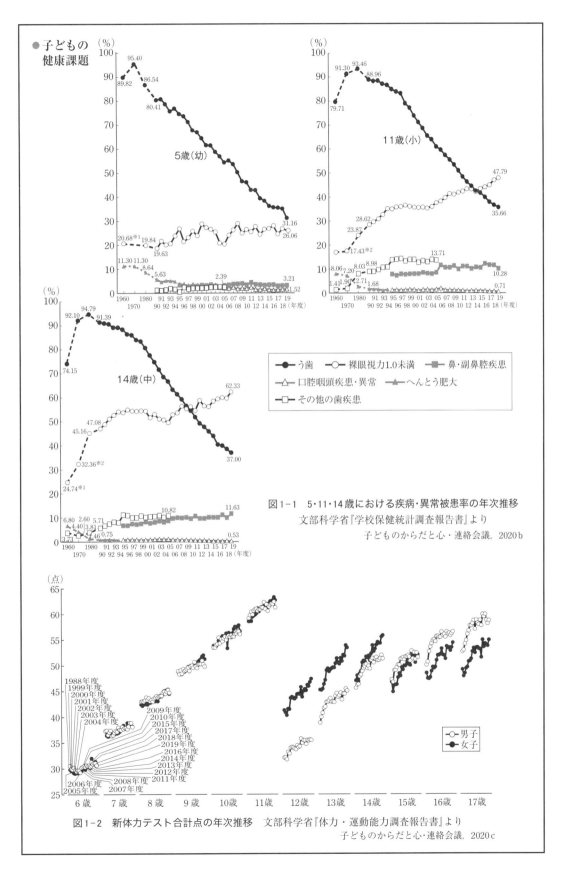

● 子どもの
　健康課題

図1-1　5・11・14歳における疾病・異常被患率の年次推移
　　　文部科学省『学校保健統計調査報告書』より
　　　　　子どものからだと心・連絡会議，2020b

図1-2　新体力テスト合計点の年次推移　文部科学省『体力・運動能力調査報告書』より
　　　　　子どものからだと心・連絡会議，2020c

2. 学校健康診断の結果でみる子どもの健康課題

　図1-1は，5歳（年長），11歳（小学6年生），14歳（中学3年生）における疾病・異常被患率の年次推移を示したものである（子どものからだと心・連絡会議，2020b）。この図が示すように，1970年代，1980年代の「う歯」は，いずれの年齢においても90％前後の子どもたちが罹患していた様子が確認でき，かつては第一の健康課題であったことがわかる。ところが，この「う歯」は，年々その被患率が減少していく。変わって心配な推移を示しているのが「裸眼視力1.0未満」である。11歳，14歳では，第一の健康課題に浮上している。また，5歳についても，遠くない将来には第一の健康課題になるだろうとの推移である。

　考えてみれば，この間の小児歯科保健分野の進展には目覚ましいものがある。対して，日本の各家庭にテレビが概ね行き渡ったのは1970年代中頃，子どもの生活にテレビゲームが浸透し始めたのは1980年代後半のことであった。加えて，今ではスマホ，タブレットといった時代である。これでは，小児眼科分野の進展を鑑みても，子どもたちの視力が低下してしまうのは，当然の結果といえる。

　だが一方で，「う歯」と「裸眼視力1.0未満」を除くと，それ以外の疾病・異常がそれほど高い被患率を示していない様子もうかがえる。前述のように，1960年代以降，子どもの「健康」や「元気」に関する心配が根強く実感され続け，これほどまでに膨れ上がっていることを考えると，不思議に思えるのである。

3. スポーツテストの結果でみる子どもの健康課題

　上述のことを考えると，子どもに対する心配の原因は「体力」にあるのではないかと考えてみるのである。実際，日本では，子どもの「体力低下」も長年にわたって心配され続けている。そこで次に，図1-2は小学生以降の子どもたちにおける新体力テスト合計点の年次推移を示したものである（子どものからだと心・連絡会議，2020c）。世間に拡がる子どもの「体力低下」に関する心配とは裏腹に，性，学年を問わず，この20年間の子どもの体力・運動能力は合計点の推移をみる限り，低下どころか，確実に上昇し続けている。

　そこで，ここでは11歳（小学6年生）における体力・運動能力の測定項目別の年次推移も確認しておきたい。図1-3は，その結果を示したものである（子どものからだと心・連絡会議，2020d）。すると，少し心配な項目がみえてくる。「ボール投げ」である。ただこの低下についても，子どもに対する心配の原因とは考え難い。というのはテレビゲームが登場する以前の子どもたち（特に男の子）は，誰もがバットとグローブを持って野球を楽しんでいた。ところが今は，野球だけでなく，サッカーをする子も，水泳をする子も，ゴルフをする子も，ダンスをする子も増えて，子どもが行うスポーツ活動は多様になった。そう考えると，日常的にボールを投げる子どもが減ったと考えられる現在，「ボー

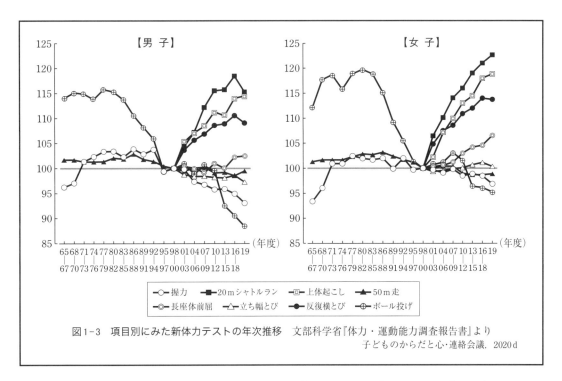

図1-3　項目別にみた新体力テストの年次推移　文部科学省『体力・運動能力調査報告書』より
子どものからだと心・連絡会議, 2020 d

ル投げ」が低下するのは当然といえないだろうか。仮に,「ボール蹴り」のような項目が
あったらどうだろうか。日常的にボールを蹴る子どもが増えたと考えられるわけだから,
きっとその値はかつての子どもたちよりも高い水準を記録するようになっていると思う
のである。

　また,そもそもスポーツテストで測定している「体力」とは,筋力,敏捷性,柔軟性,
持久力などのことを指す。図1-3では,「握力」,「上体起こし」,「長座体前屈」,「反復
横跳び」がそれに相応する。対して,「運動能力」とは,それぞれがもっている体力に意
思,意欲,判断,集中力といった精神的要素が加わって,運動場面で発揮される能力の
ことを指す。「20 m シャトルラン」,「50 m 走」,「立ち幅とび」,「ボール投げ」がそれに
相応する。このことも頭に入れて,再度図1-3をみてみると,体力要素の項目で低下
が確認できるのは「握力」が唯一で,それ以外の項目は軒並み上昇傾向を示している。

　そればかりか「上体起こし」と「反復横とび」に限っては,男女とも史上最高の記録と
さえいえる。このように考えると,「運動能力低下」ならまだしも,長年にわたる子ども
の「体力低下」の指摘は,あまりにも失礼で,気の毒なレッテルを子どもたちに貼り
続けてきたことになる。

　以上のように,半世紀以上にわたって心配され続けてきた子どもの「健康」・「元気」・「体力」で
はあるが,学校健康診断の結果をみても,スポーツテストの結果をみても,この種の問題の所在
を発見することができない。私たちおとなや社会は,この点に関して,"嬉しい誤解"をし続けて
きたということになるのである。

SECTION 2　子どもの「健康」・「元気」・「体力」に関する心配の正体

ねらい：前項で述べたように，子どもの「健康」・「元気」・「体力」を心配する根拠は，学校健康診断の結果をみ
　　　　ても，スポーツテストの結果をみても確認できない。そのため，世間に拡がる心配の所在をより詳細
　　　　に検討しておく必要がある。
　　　　ここでは，子どもの「からだ」や「体力」に関する実感を基に，子どもの健康課題の正体を探究する。

1.　子どもの「からだ」に関する実感調査

（1）　実感調査

　私たちの研究グループでは，子どもの「からだ」に関する保育所，幼稚園，小学校，中学校，高等学校の先生方の実感を定期的かつ全国的に収集している。通称「実感調査」と称されるこの調査では，新聞や雑誌，さらには，保育・教育現場の先生方との研修会や研究会などで「ちょっと気になる」，「どこかおかしい」と話題になっている子どものからだの事象をそのまま調査項目にして，そのような子どもが「最近増えている」のか，「変わらない」のか，「減っている」のか，「いない」のか，「わからない」のかを選択回答してもらっている。

　ほぼ5年に1度のペースで行われているこの調査の準備は，毎回，その調査項目の見直し作業から始まる。具体的には，5年前の前回調査からの間に，新たに心配されている子どもの「からだ」に関する問題事象があればそれを追加し，逆に，前回調査において，「いない」との回答率が100%の項目，もしくは，それに近い値を示した項目は削除したいと考えている。

（2）　ワースト10

　上のような項目の見直し作業が始められた1990年調査以降，新たな項目が追加されることはあっても，削除されることはなかった。その結果，小学校，中学校，高等学校の養護教諭を対象に行われた1978年調査では43項目であった項目数が，2015年調査では保育所・幼稚園用で58項目，小・中・高等学校用で70項目にまで膨れ上がっている。このような事実は，子どもの「からだ」に関する心配が多様になっていることを認識させる。

　ここでは，このような準備を踏まえて行われた2015年調査の結果の一部を表1-1に示した（野井ほか　2016）。これは保育所，幼稚園，小学校，中学校，高等学校において「最近増えている」の回答率が高かった10項目（ワースト10）を示したものである。日常的に接している子どもの年齢段階がほぼ同じといえる保育所・幼稚園の結果では，「アレルギー」（保育所：1位，幼稚園：1位），「すぐ『疲れた』という」（保育所：5位，幼稚園：3位）など，多くの項目が共通してワースト10内にランクされている様子をうかがうことができる。ところが，これらの項目がワースト10にランクしているのは，小学校でも，中学校でも，高等学校でも同様である。

表1-1 「最近増えている」という実感・ワースト10（施設・学校段階別）

保育所（n=199）		幼稚園（n=104）		小学校（n=518）		中学校（n=256）		高等学校（n=164）	
1. アレルギー	75.4	1. アレルギー	75.0	1. アレルギー	80.3	1. アレルギー	81.2	1. アレルギー	78.7
2. 背中ぐにゃ	72.4	2. 背中ぐにゃ	73.1	2. 視力が低い	65.6	2. 平熱36度未満	70.7	2. 夜，眠れない	68.9
3. 皮膚がカサカサ	71.9	3. すぐ「疲れた」という	71.2	3. 授業中，じっとしていない	65.4	3. 首，肩のこり	68.0	3. すぐ「疲れた」という	62.8
4. 保育中，じっとしていない	70.9	4. オムツがとれない	69.2	4. 背中ぐにゃ	63.9	4. 夜，眠れない	67.2	4. 首，肩のこり	62.8
5. すぐ「疲れた」という	67.3	4. 自閉傾向	69.2	5. すぐ「疲れた」という	62.9	5. すぐ「疲れた」という	66.4	5. 平熱36度未満	61.6
6. 噛まずに飲み込む	64.8	6. 保育中，じっとしていない	63.5	6. ボールが目や顔にあたる	60.6	6. からだが硬い	59.8	6. うつ傾向	59.1
7. 夜，眠れない	57.3	6. 発音が気になる	63.5	7. 平熱36度未満	59.3	7. 不登校	59.0	7. 腹痛・頭痛を訴える	57.3
8. 自閉傾向	56.8	8. 床にすぐ寝転がる	62.5	8. 絶えず何かをいじっている	58.1	8. 腹痛・頭痛を訴える	57.8	8. 腰痛	55.5
9. 床にすぐ寝転がる	52.8	9. からだが硬い	59.6	9. 皮膚がカサカサ	57.7	9. 視力が低い	57.4	9. 症状説明できない	54.9
10. 転んで手が出ない	51.8	10. つまずいてよく転ぶ	53.8	10. 休み明けの体調不良	57.1	10. 休み明けの体調不良	57.0	10. ちょっとしたことで骨折	52.4
10. つまずいてよく転ぶ	51.8	10. 皮膚がカサカサ	53.8								

注）表中の数値は％を示す。また，小学校，中学校，高等学校は，養護教諭による回答 （野井ほか 2016）

● 子どものからだのおかしさと機能

表1-2 子どもの「からだのおかしさ」の事象，ならびにその事象から予想される問題（実体）と関連するからだの機能

保育所	幼稚園	小学校・養護教諭	小学校・教諭	中学校・養護教諭	中学校・教諭	高等学校	事象*	問題（実体）	前頭葉機能	感覚機能	防御反射機能	自律神経機能	睡眠・覚醒機能	体温調節機能	ホルモン機能	免疫機能	視機能	運動神経機能	口腔機能	筋・関節・骨
4	6	3	6	23	11	39	保育・授業中，じっとしていない	集中力の欠如，睡眠問題	○				○							
14	17	8	5	20	16	34	絶えず何かをいじっている	不安・緊張傾向	○											
5	3	5	4	5	1	3	すぐ「疲れた」という	意欲・関心の低下，疲労・体調不良，睡眠問題	○			○	○							
9	8	26	22	44	36	53	床にすぐ寝転がる	意欲・関心の低下，疲労・体調不良，抗重力筋の緊張不足，体幹筋力の低下	○			○			○					
21	22	10	10	10	10	18	休み明けの体調不良	疲労・体調不良，睡眠問題				○	○							
7	37	13	28	4	14	2	夜，眠れない	睡眠問題					○							
10	12	14	25	43	37	41	転んで手が出ない	防御反射・反応の鈍化，睡眠問題，身体操作性の低下			○		○					○		
44	32	6	20	25	25	23	ボールが目や顔にあたる	睡眠問題，視機能の低下・発達問題，身体操作性の低下					○				○	○		
2	2	4	2	14	6	22	背中ぐにゃ	意欲・関心の低下，疲労・体調不良，抗重力筋の緊張不足，体幹筋力の低下	○			○								○
10	10	31	35	52	47	50	つまずいてよく転ぶ	防御反射・反応の鈍化，覚醒水準の低下，身体操作性の低下			○		○					○		
33	39	7	38	2	35	5	平熱36度未満	体温調節不良						○	○	△				
18	4	−	−	−	−	−	オムツがとれない	不快感の経験不足		○										
36	35	20	10	8	4	7	腹痛・頭痛を訴える	不安・緊張傾向，疲労・体調不良	○			○								
6	16	27	31	38	43	45	噛まずに飲み込む	咀しゃく機能の低下											○	
32	27	18	15	15	12	9	症状説明できない	からだに関する関心・知識不足	○											
55	56	29	9	3	33	3	首・肩のこり	不安・緊張傾向，疲労・体調不良	○			○								
13	6	32	30	59	48	58	発音が気になる	口腔の発育・発達問題											○	
19	11	13	6	3	3	12	からだが硬い	不安・緊張傾向，柔軟性の低下	○									・		○
1	1	1	1	1	1	1	アレルギー	免疫異常								○				
3	10	9	12	24	32	21	皮膚がカサカサ	免疫異常								○				
46	44	17	27	12	8	10	ちょっとしたことで骨折	骨密度の低下												○
8	4	15	8	13	7	11	自閉傾向	大脳新皮質の機能不全	○											
−	−	51	47	16	22	6	うつ傾向	大脳新皮質の機能不全	○									△		
−	−	9	9	9	9	13	視力が低い	視機能の低下・発達問題									○			
−	−	61	56	11	17	8	腰痛	体幹筋力の低下												○
−	−	42	29	7	5	14	不登校	意欲・関心の低下，疲労・体調不良	○			○								

＊いずれかの施設・学校段階において「最近増えている」のワースト10内にランクされた事象を示す。

（野井ほか 2016）

(3) 子どものからだのおかしさ

　そこで次に，表1-1に示された各施設・学校段階のワースト10に注目して，それぞれの事象から予想される問題(実体)とその問題と関連する身体機能を整理してみる(表1-2)。すると，様々な事象で表出される「からだ」の問題ではあるが，各事象から予想される問題(実体)と関連するからだの機能というレベルまで遡って議論をしてみると，問題が無限にあるわけではなく，ある程度限定されていることがわかる。

　具体的には，前頭葉機能や自律神経機能，睡眠・覚醒機能といった身体機能に多くのチェックを確認することができるのである。加えて，「アレルギー」や「ぜんそく」などを除くと，その他の多くの事象が"病気"や"障がい"とはいいきれない問題であることもわかってくる。

　つまり，保育・教育現場における子どもの「からだ」に関する心配は，子どもの年齢段階に関わらず，"病気"や"障がい"とはいえないものの，そうかといって健康ともいえない問題であり，それらの間に位置する「おかしさ」としか表現できないような問題である(野井, 2016)ことを推測させる(図1-4)。

2. 子どもの「体力」に関する実感調査

(1) 子どもの体力とは

　他方，このような実感調査を，子どもの「体力」に関する心配に応用して行われた調査の結果も重要視したい。

　そもそも，「体力」とは，「身体的な生活力，あるいは生存力のこと」と古くから定義されてきた(福田・長島, 1949)。また，その要素は，もっている体力を外界に向けて発揮するときに活躍する「行動体力」(筋力，敏捷性，柔軟性，持久力など)と，細菌やウイルス，あるいは寒さや暑さなど，外界からの刺激に対して，からだの内部を一定に保とうとするときに活躍する「防衛体力」(自律神経系，免疫系，ホルモン系)とに分類される。さらに，これら「身体的要素」とまとめることができるこれらの要素は，当然のように，やる気や意志など「精神的要素」の影響も受ける。そのため，「体力」と前項で触れた「運動能力」との関係も含めた体力要素の分類は，図1-5のように整理することができる。

　だとすると，SECTION 1で既習したスポーツテストの結果で確認できるのは，このうちの「行動体力」と「運動能力」のみということになる。つまり，その他の要素は低下しているのか，それとも低下していないのかが不明であると共に，世間に広がる子どもの「体力低下」の実感も，その他の要素により導出されているのではないかという仮説が成り立つのである。

(2) 「体力低下」の実感

　このような仮説に基づいて行われた子どもの「体力」に関する実感調査では，各体力・運動能力要素に関連する事象を表1-3のように提示して，かつての子どもたちと比べた

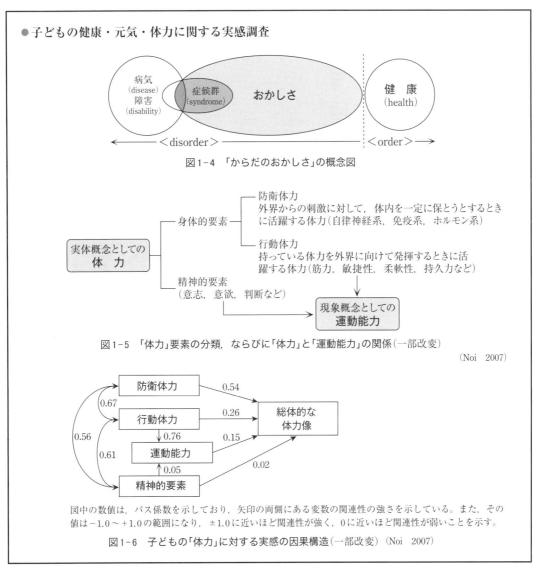

● 子どもの健康・元気・体力に関する実感調査

図1-4 「からだのおかしさ」の概念図

図1-5 「体力」要素の分類，ならびに「体力」と「運動能力」の関係（一部改変）

(Noi　2007)

図中の数値は，パス係数を示しており，矢印の両側にある変数の関連性の強さを示している。また，その値は－1.0〜＋1.0の範囲になり，±1.0に近いほど関連性が強く，0に近いほど関連性が弱いことを示す。

図1-6　子どもの「体力」に対する実感の因果構造（一部改変）　(Noi　2007)

場合の実感を尋ねている。なお，これら25項目は，総体的な体力像，防衛体力，行動体力，運動能力，精神的要素について各5項目ずつの設問で構成されている。

　結果は，図1-6の通りである (Noi, 2007)。図中の数値は，矢印の両側にある変数間の関係の強さを示すパス係数を示しており，最も強い関連性のときにはこの値が「±1」になる。そのようなことを頭に入れてこの図をみると，「総体的な体力像」と各体力・運動能力要素との関連は，「防衛体力」（$\beta = 0.54$）が最も強く，「行動体力」（$\beta = 0.26$），「運動能力」（$\beta = 0.15$），「精神的要素」（$\beta = 0.02$）と続くことがわかる。

　このような結果は，世間に拡がる子どもの「体力低下」の実感の実体が，体力という言葉で一般的にイメージされやすい「行動体力」ではなく，「防衛体力」に依拠していたことを示している。すなわち，筋力や敏捷性，持久力がない子を想起して「体力がない」と実感していたのではなく，顔色がわるい子や疲れやすい子，かぜをひきやすい子を想起して「体力がない」と実感していたということである。

3. 「からだのおかしさ」に関する議論

　以上のことから，このような心配があながち見当違いでなかったことは，種々の調査結果がそれを物語っている。例えば，1980年代に注目されはじめた子どもの低体温傾向である。そのような子どもは1日を通して低い体温レベルにあること，体温がピークに至る時間帯が遅いこと，就床時になっても起床時のレベルまで十分に低下していないこと，さらに，起床時の通学意欲が低いことなどの問題が確認されている (Noi *et al*., 2003)。また，寒冷昇圧試験という手法を用いて行われた自律神経機能の調査結果では，日本の子どもの交感神経の過剰反応が確認されている (子どものからだと心・連絡会議，2020)。いうまでもなく，外界からの刺激に対する過剰な反応は，いわゆる「臨戦態勢状態」であり，疲労の原因にもなり得る。実際，小学生を対象とした別の調査では，昇圧反応が大きい子どもの方がそれが小さい子どもよりも多くの疲労感を抱えている様子も確認されている (鹿野・野井，2014)。そのため，日本の子どもたちは疲労をため込みやすい状態にある。

　これらの調査結果は，まぎれもなく日本の子どもの「からだのおかしさ」や「防衛体力」の異変を物語っている。したがって，世間に広がる子どもの「健康」・「元気」・「体力」に関する心配は，ある程度的を射ていたと考えられるのである。と同時に，これらの問題を解決しないことには，子どもたちが「健康になった」，「元気になった」，「体力が向上した」とは実感できないのである。いずれにしても，子どもの「健康」・「元気」に関する心配は，"病気(disease)"や"障がい(disability)"，あるいは"症候群(syndrome)"ではなく，単に"正常(order)"ではないということから「おかしさ(disorder)」としか表現できないような問題に基づいていたといえる。同様に，子どもの「体力」に関する心配も，体力ということで一般的にイメージされやすい「行動体力」ではなく，自律神経系，免疫系，ホルモン系といった「防衛体力」の問題に依拠していたといえる。このような事実は，"からだのおかしさ"の問題が「体力低下」として実感されてきたことも推測させる。

> 　以上のことから，子どもの「健康」・「元気」・「体力」に関する根強い心配を払拭して，子どもたちが「健康になった」，「元気になった」，「体力が向上した」と実感できるようになるためには，「からだのおかしさ」を解決することが必要といえる。そしてそのためには，「健康 or 病気・障がい…？」といった二者択一の議論ではなく，それらの間の議論が必要であるといえよう。

図1-7　子どもの　健康 → 元気 → 体力

表1-3　子どもの「体力」に関する実感調査

Q 以下に示す項目について，今の子どもたちとかつての子どもたちとを比べた場合の「実感」を答えて
ください。なお，回答は【 大変そう思う：5，そう思う：4，どちらともいえない：3，そう思わない：
2，まったくそう思わない：1】のいずれか1つを選んで，その番号を回答欄に記入してみてください。

A

1 ）今の子どもたちの方が，優れた体力をもっていると思う。　　　　　　　　　　　　　　□ 1)

2 ）今の子どもたちの方が，かぜなどの病気に対する抵抗力があると思う。　　　　　　　□ 2)

3 ）今の子どもたちの方が，強い筋力をもっていると思う。　　　　　　　　　　　　　　□ 3)

4 ）今の子どもたちの方が，運動神経がいいと思う。　　　　　　　　　　　　　　　　　□ 4)

5 ）今の子どもたちの方が，どんなことにも意欲的に取り組むと思う。　　　　　　　　　□ 5)

6 ）今の子どもたちの方が，健康なからだをもっていると思う。　　　　　　　　　　　　□ 6)

7 ）今の子どもたちの方が，暑さや寒さに対する抵抗力があると思う。　　　　　　　　　□ 7)

8 ）今の子どもたちの方が，優れた敏捷性（スピード）をもっていると思う。　　　　　　□ 8)

9 ）今の子どもたちの方が，上手に運動・スポーツを行う能力が高いと思う。　　　　　　□ 9)

10）今の子どもたちの方が，感情をコントロールする力があると思う。　　　　　　　　　□ 10)

11）今の子どもたちの方が，たくましいからだをもっていると思う。　　　　　　　　　　□ 11)

12）今の子どもたちの方が，かぜなどの病気を治す能力が高いと思う。　　　　　　　　　□ 12)

13）今の子どもたちの方が，優れた平衡性（バランス能力）をもっていると思う。　　　　□ 13)

14）今の子どもたちの方が，走る力・跳ぶ力・投げる力が高いと思う。　　　　　　　　　□ 14)

15）今の子どもたちの方が，ものごとに取り組むときの集中力があると思う。　　　　　　□ 15)

16）今の子どもたちの方が，生存・生活に必要なからだ・体力をもっていると思う。　　　□ 16)

17）今の子どもたちの方が，からだの調子（体調）がいいと思う。　　　　　　　　　　　□ 17)

18）今の子どもたちの方が，優れた持久力をもっていると思う。　　　　　　　　　　　　□ 18)

19）今の子どもたちの方が，からだを操作する能力が高いと思う。　　　　　　　　　　　□ 19)

20）今の子どもたちの方が，物ごとを判断する能力が高いと思う。　　　　　　　　　　　□ 20)

21）今の子どもたちの方が，強いからだをもっていると思う。　　　　　　　　　　　　　□ 21)

22）今の子どもたちの方が，病気などが少なく身体的に丈夫だと思う。　　　　　　　　　□ 22)

23）今の子どもたちの方が，優れた柔軟性をもっていると思う。　　　　　　　　　　　　□ 23)

24）今の子どもたちの方が，運動・スポーツ技術が高いと思う。　　　　　　　　　　　　□ 24)

25）今の子どもたちの方が，ものごとに対するやる気や意志が強いと思う。　　　　　　　□ 25)

SECTION 3　子どもの「からだのおかしさ」の解決と「遊び」への期待

ねらい：前項までに記したように，世間に広がる子どもの「健康」・「元気」・「体力」に関する心配の正体は，「からだのおかしさ」にあった。

　　　　ここでは，子どもの「からだのおかしさ」を解決するために寄せられる「遊び」への期待について考えてみたい。

1.　新型コロナウイルス感染症とさらなる試練

　繰り返しになるが，子どもたちの「健康」・「元気」・「体力」に関する世間の心配は，いわゆる「からだのおかしさ」の問題に基づいている。そのため，この問題の解決が課題といえる。しかし，このような問題は，他国ではあまり確認されていないことが事実であり，世界を見渡してもその解決策はみつからない。正に日本の子どもたちに課せられた試練といえる。

　そのようななか，この1年はさらなる試練が子どもを襲っている。いうまでもなく，新型コロナウイルスの猛威がそれである。この間，世界中の人びとの生活は否応なしに一変した。日本の子どもたちも同じである。昨年2月に臨時休校が要請されて以降，小学生以降の子どもたちは，突然学校に行けなくなってしまった。就学前の子どもたちも，それ以前のようには保育所や幼稚園，こども園には行けなくなってしまった。そのため，大好きな友だちや先生と会えなくなったばかりか，気持ちの整理ができないまま，新年度を迎えなければならない状況にもなってしまった。また，通園や登校が再開されても，かつてとは，まったく異なる生活を余儀なくされ，終わりのみえない混乱の真っ只中におかれている。

　このようなことから，「子どものからだと心・連絡会議」と「日本体育大学体育研究所」は，長期休校中と休校明けの2度にわたってコロナ緊急調査を実施した（野井ほか 2020）。まずは，子どもがおかれている現実を知り，子どもの声を聴く必要があると思ったからである。

図1-8　大好きな友だちや先生

2.　コロナ緊急調査の結果が示す子どもの"からだと心"

(1)　困りごと―子どもと保護者

　緊急調査では，小学1年生から中学3年生を対象にした web 調査の回答と健康診断の結果の分析を手がけている。このうち web 調査は，2020年5月（休校中）と同年6〜7月（休校明け）に実施された。その結果，子どもの困りごとも，保護者の心配ごとも，同一項目で比較できるすべての項目（12項目）で休校中に比して休校明けの訴えが減少していた。このような結果は，長期休校が子どもを困らせ，保護者を心配させていたことを教えてくれている。

ただ，休校中調査における子どもの困りごとと保護者が心配ごとの上位5項目を見比べると，子どもの困りごとは，

　　　　第1位から順に

　　　　「(思うように)外に出られないこと」

　　　　「友だちに会えないこと」

　　　　「運動不足になってしまうこと」

　　　　「感染症が不安なこと」

　　　　「勉強を教えてもらえないこと」

であったのに対して，保護者の心配ごとでは，その第1位と第3位，第2位と第5位が入れ替わっていた。このような結果は，保護者の認識とは異なる子どもからみた学校の存在意義を教えてくれている。

(2)　ローレル指数，視力

　　健康診断の結果の分析では，身長と体重から算出されるローレル指数*で「肥満傾向」または「肥満」と判定された者が，9学年中男子8学年，女子6学年で，2019年度より2020年度に増加している様子が示された。また，小学生に限っては，「やせ」に判定された者が，男女とも4学年で増加している様子も示された。

＊ローレル指数：児童生徒の肥満の程度を表す体格指数，フリッツ・ローラー(Fritz Rohrer, 188年-192年スイスの生理学者)

　　さらに，視力については，9学年中男子8学年，女子6学年で「裸眼視力1.0未満」または「矯正のみ計測」の割合が増加している様子が示された。すなわち，長期休校，あるいは長期自粛生活による身体活動量の低下やスクリーンタイムの増加は，子どもの体格や視力に影響を与えたといえそうである。

(3)　その他の問題点

　　これらの他にも，休校中は子どもたちの就床時刻，起床時刻が遅くなり，精神症状の訴えが増す様子，休校明けは身体症状の訴えが増す様子も示されている。このような結果は，休校中の不安定な心の状態だけでなく，学校再開を待ち望んでいた子どもたちの気持ちが満たされて，生活リズムも整った反面，およそ3か月ぶりの学校生活に，からだが適応しきれなかった休校明けの様子も教えてくれている。

3.　「遊び」に秘められた動く要素，群れる要素の重要性

　　以上のように，コロナ禍前から人類史上初の試練に直面していた日本の子どもたちは，コロナ禍という未曾有の事態でさらに大きなダメージを受けている。正に，緊急事態である。まずは，子どもたちにしっかりと寄り添うことが大切といえよう。また，私たちヒトが動物であり，人間であることを再認識しておく必要もあると考える。

（1） 3密が子どもを育てた

　そもそもヒトは動物である。動物は“動く物”と書くように，元来，動かなければヒトにも人間にもなれない。私たち人類が森から草原に飛び出し，外界の敵から身を守りながら獲物を探していた時代は，1日に10〜15 km は移動していたという。また，ヒトは人間である。人間は“人の間”と書くように，家族や仲間と協力，共存しながら進化してきた。決して，一人で進化してきたわけではない。

　大きな脳をもつヒトは，その成長に時間を要するため，母親の手だけでは子どもを育てられないことから共同の育児が必要になった。これが，家族やコミュニティができるきっかけとなった。子どもは群れて育つものである。換言すると，「3密（密集，密接，密着）」が子どもを育ててきたともいえる。

（2） 遊びの原点

　このように考えると，「ヒトは生きるために動き，子育てのために協力しながら進化してきた」といえる。さらにいうと，私たち人類は「動いてヒトになり，群れて人間に進化」してきた。その点，「遊び」には動く要素も，群れる要素も含まれている。また，発達のために動きたい，群れたいといった発達欲求から自然に生まれたのが「遊び」であったともいえる。このことは，近年話題のSociety 5.0*時代や GIGA スクール**が到来しても同じである。むしろ，動く機会，群れる機会の減少が予想されるそのような社会になればなるほど，そのことを強く自覚しておく必要がある。

図1-9　動く，群れる

　いずれにしても，不要不急の外出自粛を要請され，友だちと会うことさえ制限されるいまの日常は，子どもに課せられた想像できないほどの試練といえる。同時に，休校中調査において，「（思うように）外に出られないこと」，「友だちに会えないこと」に困っているとの子どもの声は，私たちがヒトであること，動物であること，人間であることを敏感かつ本能的に感じて，私たちに教えてくれているようにも思うのである。

*Society 5.0：日本が提唱する未来社会のコンセプト。科学技術基本法に基づいて，5年ごとに改訂されている計画の第5期（2016〜2020年度）の範囲でキャッチフレーズとして登場した。経済発展と社会課題の解決を両立する新たな未来社会をソサエティー5.0として提唱している。

**GIGA：（Global and Innovation Gateway for All）スクールは，2021年文部科学省が目指す新たな教育の姿である。その構想とは，一人1台の端末と高速大容量の通信ネットワークを整備し，多様な子どもたちを取り残すことなく，校正に育む教育を全国の教育現場で実現させるというものである。

4. 「子どもの権利条約」と with コロナ時代，post コロナ時代の子どもの「育ち」

　子どもの権利条約が国連総会の全会一致で採択されたのは1989年，それが日本で批准されたのは1994年のことである。ただ，種々の人権条約は批准したからといって終わりということにはならない。なぜならば，条約を批准することと，その権利が守られているか否かは別の問題だからである。そのため，子どもの権利条約の第44条には，「1　締約国は，(a)当該締約国についてこの条約が効力を生ずるときから2年以内に，(b)その後は5年ごとに，この条約において認められる権利の実現のためにとった措置，およびこれらの権利の享受について，もたらされた進歩に関する報告を国際連合事務総長を通じて委員会に提出することを約束する」と定められている。このようなシステムを「報告審査制度」という。

　日本政府もこの約束に従って，1996年に初回報告，2001年に第2回報告，2008年に第3回報告，そして2017年に第4・5回統合報告を提出してきた。しかし，この報告審査制度は，そもそも権力があるということで最も権利を侵害してしまう可能性がある国家にその現状を報告させるという仕組みになっている。そのため，国連の審査システムの中では最も脆弱な仕組みともいわれている。この課題の克服として国連が考えたのが，市民・NGO からの報告も受付けるということであった。つまり，国連では政府からの報告書だけでなく，市民・NGO から提出された報告書も受付け，それにも目を通したうえで，締約国政府へのヒヤリングを経て，その審査結果を「最終所見」にまとめてくれている。

　このような審査過程を経て，国連子どもの権利委員会から「日本政府第4・5回統合報告書に関する最終所見」が示されたのは2019年3月のことであった。そして，そのパラグラフ20では，「社会の競争的な性格により子ども時代と発達が害されることなく，子どもがその子ども時代を享受することを確保するための措置を取ること」が勧告されている。実は，このように「子ども時代」の保障が勧告されている締約国は，世界広しといえども日本だけである (野井　2021)。

　子どもが子どもらしく遊ぶための「子ども時代」が奪われた日本の子どもたちで，人類史上初の健康課題が発見されるのもうなずける。

　「ホモ・サピエンス(Homo sapiens)」というラテン語は，「賢い人」という意味をもつ。いまこそ，その真価が問われている。そして，今回の緊急事態が with コロナ，post コロナ時代の子どもたちの真の「育ち」を考え直し，そのために子どもが子どもらしく過ごすことができる「子ども時代」を保障する契機になることを期待したい。
　この際，コロナ禍の早期終息を祈りつつも，こと子どもの「育ち」という点では，決して before コロナ時代に回帰してはいけないのである。同時に，ここに子どもの「からだのおかしさ」の解決に向けて「遊び」に寄せた期待である。

SECTION 4 遊びが育む子どものからだ

ねらい：「すぐ"疲れた"という」，「床にすぐ寝転がる」，「夜，眠れない」，「朝からあくびをする」など，子どものからだの育ちや調子のわるさが心配されている。
ここでは，子どものからだの調子を整える遊びの可能性について考える。

1. 心配される子どもの"からだ"

「疲れた」，「だるい」，「眠い」など，からだの不調を訴える子どもが多いという実感は，今ではどの保育・教育現場からも耳にするようになった。さらに，そのような子どもは，午前中や週初めの月曜日に多いという実感も耳にする。このような実感は，この問題の背景に自律神経機能や睡眠・覚醒機能の不調が関係していると考えられる。

2. 自律神経機能と睡眠・覚醒機能の不調の問題

不調を克服するための「はじめの一歩」は，その背景にあるからだの問題を可能な限り深く掘り下げて理解することにある。まず自律神経機能について，からだの測定を通して，その実態を理解するために，私たちが用いているのが保育や教育の現場でも測定可能な寒冷昇圧試験という手法である。

からだの内部環境の恒常性（体温・血圧などの調節）を保つために機能しているのが自律神経系である。そのため，この機能を検査するには，内部環境を撹乱するような環境刺激を与えて，その反応性を測定するのが一般的な方法である。

寒冷昇圧試験では，"寒冷"という環境刺激を用いて，その刺激に対する血圧上昇反応を基に，自律神経機能，なかでも交感神経機能の様子を観察している。日頃，私たちが行っている方法では，片手の中手指節関節までを4℃の氷水に1分間浸して，そのときの血圧上昇の程度を観察する方法である。

（1） 昇圧反応の学年推移

図1-10には，寒冷昇圧試験による昇圧反応の学年推移を日本と中国・昆明とで比較した結果を示した。いずれの学年においても中国・昆明の子どもに比べて，日本の子どもの方が寒冷刺激に対する昇圧反応が大きいことがわかる。もちろん自律神経機能には，性別や身長・体重，気候や季節の違いが影響を与える。しかし，それらの影響を考慮したとしても，あまりにも大きな差があることから，日本の子どもは刺激に対して必要以上に反応していることが推測される。

そこで反応が大きい子どもの背景を探るために，疲労に関する自覚症状との関連について検討を加えた結果，昇圧反応の大きい群は小さい群よりも疲労総得点が高く，なかでも「注意・集中の困難」に種別される疲労得点がきわめて高い値を示している様子が観察された。このような結果は，刺激に対して過剰な反応を示し交感神経が優位と予想

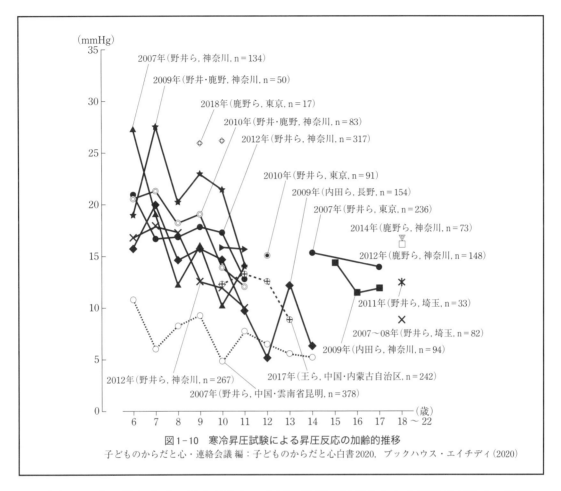

図1-10　寒冷昇圧試験による昇圧反応の加齢的推移
子どものからだと心・連絡会議 編：子どものからだと心白書2020, ブックハウス・エイチディ (2020)

される日本の子どもは，反応が小さい中国・昆明の子どもよりも疲労感が強く，物事に集中できにくくなっている傾向にあることが心配されるのである。

　他方，自律神経機能の不調の根底には，睡眠・覚醒機能の乱れがあることも予想することができる。この実態を把握するため，眠りのホルモンともよばれている"メラトニン"を指標として子どもたちの睡眠・覚醒リズムを調査してみた。

（2）　**睡眠・覚醒リズム**

　図1-11は，平日と休日とにおけるメラトニンの分泌リズムを示したものである。平日・休日とも，夜9時半よりも朝6時半の方がメラトニンが多く分泌していることがわかる。つまり，いまの子どもたちは，夜の9時半よりも朝の6時半の方が眠く，そのような傾向は，月曜日の朝に一層顕著である。

　このようなからだの実態は，「疲れた」，「だるい」，「眠い」と不調を訴える背景に，やはり，自律神経機能や睡眠・覚醒機能の問題が存在することを示唆しているといえる。

3. からだの不調の問題に取り組む

（1） キャンプ

　逆に子どものからだの不調の改善を示す研究知見も見受けられるようになってきた。自然の中で1か月間生活する長期キャンプ（30泊31日）がメラトニン分泌パタンに及ぼす影響を検討している（野井ほか 2009；2013）。

　このときの検討では，夕方6時半と夜9時半，翌朝の6時に唾液メラトニンを採取することとし，それをキャンプに入る9〜10日前に1セット，キャンプ中に3セット（キャンプ2〜3日目，15〜16日目，キャンプ29〜30日目），キャンプが終わって31〜32日後に1セット行った。その結果，キャンプ前は朝6時にピークを示す分泌パタンが，キャンプ中は夜9時半にピークを示す良好な分泌パタンに改善している様子が確認された（図1-12）。

　メラトニンは，夜間の受光で抑制して日中の受光や適度な身体活動で増加することが知られている。したがって，長期キャンプでメラトニン分泌パタンが改善した背景には，日中の受光や適度な身体活動，夜の暗環境が複合的に影響を及ぼしたものと推測できる。それだけでなく，寒冷昇圧試験による昇圧反応の変化を比較したところ，キャンプ前半から中盤，後半へと反応が小さくなっていく様子をうかがうこともできた。このような変化は，長期キャンプを通して生活習慣が整っていくなかで生体リズムが改善していき，自律神経機能にも好影響をもたらしたといえる。

　ただ，図1-12をみると，キャンプが終わった後は，一度改善したリズムが元に戻る様子も確認できる。この結果は，現代の子どもの日常生活は睡眠・覚醒機能や自律神経機能を元気に保つことが難しいという事情を物語っている。とはいえ，キャンプ生活下では現代の子どもたちでも元気を回復させることが可能であるということが確信されているので，それぞれがキャンプ生活のよいところを取り入れ生活に組み込んでみることをおすすめしたい。

（2） 散　歩

　長期キャンプとなると，いつでもできるわけではない。キャンプのような取り組みを念頭に，保育所等で幼児を対象に日常的に行われているプログラムに目を転じてみると，日中の受光や適度な身体活動を保障する「散歩」が想起できる。そこで，日常的に散歩を取り入れている保育所を対象に，散歩に出かけた日と出かけなかった日のメラトニン分泌パタンの違いを検討した結果，散歩に出かけた日は出かけなかった日に比べて，夜のメラトニンが多く，翌朝のメラトニンが少ない様子が確認された（図1-13）。さらに，散歩に出かけた日は寝つきの状況が「とてもよかった」と回答した保護者が有意に多い様子も確認された。このような結果は，散歩が夜測定時の唾液メラトニン濃度を増加させ，朝測定時のそれを減少させたこと，そのため寝つきの状況が良好になったことを示唆しているものといえる。

●様々な状況におけるメラトニン濃度の変化

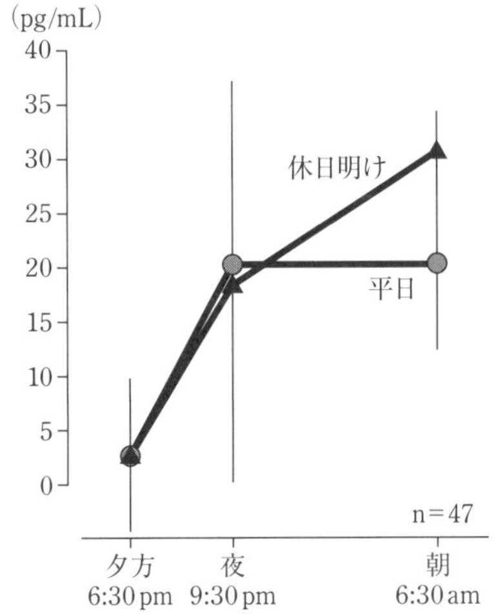

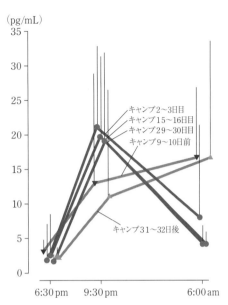

(pg/mL)
40
35
30
25
20
15
10
5
0
休日明け
平日
n=47
夕方
6:30 pm
夜
9:30 pm
朝
6:30 am

図1-11　平日と休日明けにおける唾液メラトニン濃度の経時的変化
(Noi, Shikano　2011)

(pg/mL)
35
30
25
20
15
10
5
0
キャンプ2~3日目
キャンプ15~16日目
キャンプ29~30日目
キャンプ9~10日前
キャンプ31~32日後
6:30 pm
9:30 pm
6:00 am

図1-12　長期キャンプ(30泊31日)中とその前後の唾液メラトニン濃度の経時的変化
(野井ほか　2009)

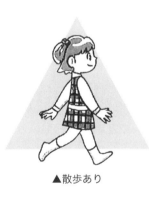

▲散歩あり

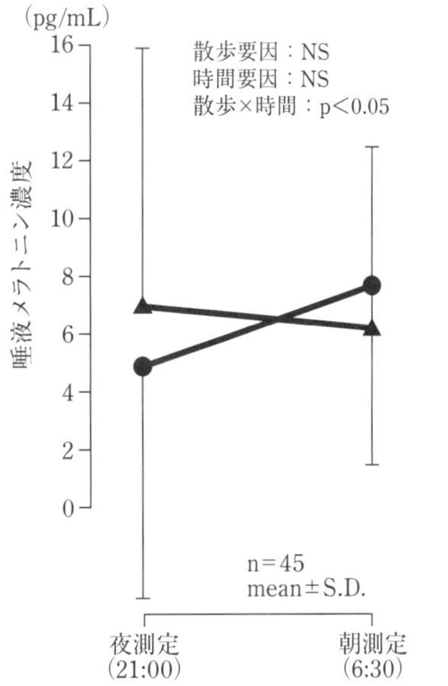

(pg/mL)
16
14
12
10
8
6
4
2
0
唾液メラトニン濃度
散歩要因：NS
時間要因：NS
散歩×時間：p<0.05
n=45
mean±S.D.
夜測定
(21:00)
朝測定
(6:30)

図1-13　散歩なし(●)　あり(▲)別にみた唾液メラトニン濃度の経時的変化
(鹿野，増田，野井　2019)

以上の結果から，保育所等で日常的に行われている「散歩」は，心配されている子どもの眠りの問題を改善するのに有効であるといえる。このことは，持続可能性ということを考えても意義深いことである。

SECTION 5　遊びが育む子どもの心

ねらい：「話がじっくり聞けず，集中できない」，「友だちとトラブルを起こす」，「すぐカッとなる」など，子どもの心の育ちが心配されている。
　　　　ここでは，子どもの心の育ちに貢献し得る遊びの可能性について確認する。

1.　心配される子どもの"心"の育ち

　「最近，年長さんが椅子を投げて破壊したという事件が2件もあった。こんなことは初めて。一方で，子どもたちが"ぎゅっとして"と欲求してくることが度々ある」ある保育士の話のなかでの近頃の子どもの様子である。子どもたちの必死な心の叫びが聞こえてくるようだ。ただ，このような話を聞くことは稀なことではない。「話がじっくり聞けず，集中できない」，「友だちとトラブルを起こす」，「すぐカッとなる」などといった子どもの姿は，いまやどこの保育・教育現場でもみられる光景である。最近の子どもたちの"心"の育ちが心配されている。

2.　心をからだで測定する

　心の身体的な基盤は大脳・前頭葉にあると考えると，「心」の問題も「からだ（脳）」の側面から議論することができる。その際，私たちが用いているのが保育や教育の現場でも測定可能なgo/no-go課題という手法である。私たちが用いているgo/no-go課題では，光刺激に対してゴム球を正しく「握るか（go）」「握らないか（no-go）」という反応を観察する。測定では，興奮がむき出しになってルールに関係なく何でもかんでも握ってしまう子，抑制の強さからなのか握らなければならない刺激でも握れなくなってしまう子など，様々な子どもたちの反応が観察できる。そして，得られた反応から前頭葉のタイプを5つのタイプのいずれかに判定している（図1-14）。これらのタイプは，最も幼稚なタイプといえる「不活発（そわそわ）型」から出発し，子どもらしい「興奮型」の時期を経て，次第に成人らしい「活発型」へと移行していくと考えられている。

　図1-15には，これまでに行われてきたgo/no-go課題の測定結果の内，「不活発（そわそわ）型」と判定された者の割合を示した。これをみると，男子において約50年前に実施された1969年調査よりもそれ以降の調査（1998年調査，2007〜2008年調査，2017〜2018年調査）の出現率が高いことがわかる。このタイプの子どもたちは，いつも"そわそわ"，"キョロキョロ"していて落ち着きがなく，集中力も持続しないとみられがちな子どもたちである。男の子の"幼さ"が心配される背景には，男子におけるこのタイプの多さという問題が存在しているのである。また，図1-16には，「抑制型」と判定された者の割合を示した。この図が示すように，1969年調査では一人も観察されていなかったが，それ以降の調査では，どの年齢でも数%〜10%程度ずつ出現している様子が観察できる。このタイプの子どもたちは，いわゆる「よい子」とみられがちな一方で，自

型	特　徴
不活発型 （そわそわ型）	このタイプの子どもは，物ごとに集中するのに必要な興奮（アクセル）の「強さ」と気持ちを抑えるのに必要な抑制（ブレーキ）の「強さ」が，ともに十分育っていないために，いつもそわそわ・キョロキョロしていて，落ち着きがないという特徴をもっている。最も幼稚なタイプといえる
興奮型	このタイプの子どもは，興奮（アクセル）も抑制（ブレーキ）もある程度の「強さ」はもち備えているが，そのバランスがわるく，抑制（ブレーキ）に比べて興奮（アクセル）が優位なタイプである。子どもらしい興奮が喚起されている時期の子どもが，このタイプのイメージといえる
抑制型	このタイプの子どもは，興奮型とは逆に，興奮（アクセル）に比べて，抑制（ブレーキ）が優位なタイプである。おとなしくてよい子とみられがちな一方で，自分の気持ちを上手に表現できにくいタイプと予想されている
おっとり型	このタイプの子どもは，興奮（アクセル）も抑制（ブレーキ）の「強さ」も，「バランス」ももち備えているが，その「易動性（切り替え）」は発達途中というタイプである。与えられた課題はこなすことはできるが，次の「活発型」の子どもに比べて，少々時間がかがるタイプの子どもが，このタイプのイメージといえる
活発型	このタイプの子どもは，興奮（アクセル）も抑制（ブレーキ）の「強さ」も，「バランス」も，「易動性（切り替え）」も，十分にもち備えているタイプで，最も成人らしいタイプといえる

図1-14　大脳新皮質・前頭葉のはたらきの5つの型

野井真吾「子どものけがをとことんからだで考える」旬報社（2009）

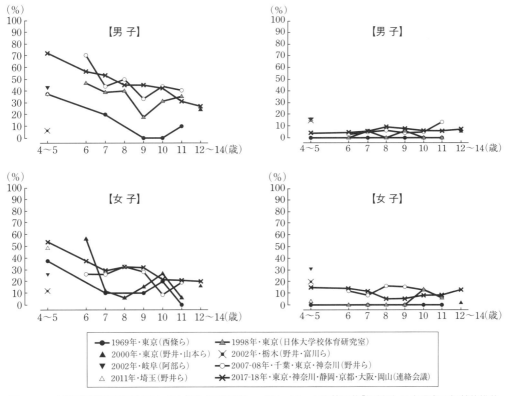

図1-15　大脳前頭葉「不活発（そわそわ）型」の出現率　　図1-16　大脳前頭葉「抑制型」の出現率の加齢的推移
　　　の加齢的推移

「子どものからだと心・連絡会議 編：子どものからだと心白書2020」ブックハウス・エイチディ（2020）

分の気持ちを上手に表現できないという特徴があるといわれている。

したがって，男女を問わず，いわゆる「よい子」でいることを強いられている子ども
が一定程度存在しているということである。

> 以上のことから，男の子が育ちにくい社会環境，子どもが子どもらしく興奮しにくい社会環境
> の問題が指摘できる。

3. "心"の問題に取り組む

(1) 幼稚園での実践（じゃれつき遊び）

S幼稚園では，毎朝登園後20〜30分間，子どもも保育者も，そして保護者も，一緒
になって思いきり身体をぶつけ合って，走り回って，大声を出す"じゃれつき遊び"とよ
ばれる遊びを約40年間も続けている。園の名物にもなっているこのプログラムは，子
どもたちの嬉々とした表情が何より印象的である。この"じゃれつき遊び"の効果につい
て，古くは(西條ら 1984)が，go/no-go課題に対する反応を基に，"じゃれつき遊び"とい
う体育的な遊びが大脳活動の発達に大きな役割を果たしていると指摘している。その後，
(鹿野ら 2012)もgo/no-go課題を用いて，対照群との比較や縦断的な検討を行い，その効
果を裏づけてる。そしてなにより，園の先生方が"じゃれつき遊び"の効果に確信をもっ
ている。例えば，休み明けの日や雨降りが続いた後などは，この園の子どもたちでも集
中できなくなってしまうことがあるという。そんな日はいつもより，しっかり，たっぷ
り遊びこむ。すると，またすぐに子どもたちの集中力が増してくるという。園で"じゃ
れつき遊び"をしているときの子どもたちには，"輝く瞳と笑顔"があふれている。この
子どもたちにとって"じゃれつき遊び"が発達のスイッチになっていることを確信させる
盛り上がりである。

そしてその効果は，子どもたちの"心"が心配される昨今においても，「そわそわ(不活
発)型」が少ないという調査結果に反映されているといえる。

(2) 小学校での実践（ワクワク・ドキドキタイム）

F小学校は，全校児童50〜60名と小規模な学校で神奈川県内の自然豊かな山の中に
位置する。この学校は，近隣の2校が統合し，新設校として2006年度に開校した。統
合に伴って，通学手段がそれまでの徒歩からバスに変更された。このような通学方法の
変更により以前に比べて通学中の安全が確保された反面，多くの子どもは通学時間が短
くなったことから，自宅を出る時刻が遅くなり起床時刻も遅くなった。さらにそれに
伴って，就床時刻も遅くなるという変化がみられるようになった。このような生活の変
化は，当然，学校生活にも影響を及ぼした。「以前に比べ，朝の挨拶に元気がない」，「何
となく元気がなく，1校時はボーッとしている様子がみられる」，「健康観察のとき，
"眠い"，"だるい"など不調を訴える子どもがいる」，「机に伏して字を書いたり，登校を

渋りがちな子がいる」，「話がじっくり聞けず，何となく落ち着かない」などといった教師の実感からは，生活の変化が子どもたちの“心”にも悪影響を及ぼしていることをうかがわせるものであった。そこで，F小学校では，前述のS幼稚園の“じゃれつき遊び”をヒントに，F小学校版の朝活動の取り組みがすすめられることとなった。

この朝活動は，「ワクワク・ドキドキ委員会」と称する委員会の子どもたちが企画，運営して行う「ワクワク・ドキドキ集会」，各学級で教師や子どもが企画，運営して行う「ワクワクドキドキタイム」，「朝の会」でそれぞれ実施された。いずれも，主として身体活動を伴う活動を朝の時間帯に行うもので，毎回の朝活動は子どもの笑顔と歓声が溢れる“ワクワク・ドキドキ感”のある活動ということを意識して創造された。

この取り組みの効果をgo/no-go課題を用いて対照校と比較したところ，実践校ではすべての学年の男女でno-go課題への誤反応数が少なく，特に男子では3年生以外，女子では1年生と2年生以外の学年で統計的な有意差も認められた(鹿野・野井 2014)。また型判定の結果をみても，男女ともすべての学年段階において心配されている「不活発(そわそわ)型」の出現率が少ない様子が確認された。このような結果は，朝の身体活動が近年心配されている心の発達不全やその不調を改善しうる活動として，今後の教育現場に応用できる知見を示唆しているものである。

加えて，「どのような身体活動が効果をもたらすのか」という点では，実践校において行われている活動が“ワクワク・ドキドキ感”を意識した活動であることを強調しておきたい。実践校で学校評価の一つとして実施されている子どもに対する質問紙調査の結果では「ワクドキタイムは楽しいですか？」に対して，「非常に楽しい」89.6％，「ふつう」9.7％，「楽しくない」0.7％という回答が得られている。このような結果からも，その活動をF小学校の子どもたちが楽しんで行っていることが読みとれる。

以上のように，F小学校で実践されているワクワク・ドキドキ感を伴う朝の身体活動

図1-17　ワクワク・ドキドキ委員会の様子

は子どものからだだけでなく，心にも好影響をもたらす様子が示された。

　このような事実は，子ども自身が楽しめる朝の身体活動が昨今心配されている子どもの心を改善するのにきわめて有効な対策になる可能性を示唆してくれている。同時に，からだと心は密接に関連しており，「からだから子どもの心を整える」ことの有効性も教えてくれているといえる。

SECTION 6 健康課題からみた幼稚園・保育所に求められるもの

ねらい：ここまで述べてきたように，遊びは子どものからだと心の成長・発達にとって非常に重要なものである。しかし，子どものからだと心に異変が起きている今，必要な遊びを確保することができない状況が浮き彫りになっている。

　ここでは，健康課題を改善するために，社会における遊びの問題点をあげ，幼稚園や保育所に求められる役割を確認する。

1. 三間の減少

　近年の子どもをめぐる遊びの大きな問題の一つに，三間の減少があげられる。三間とは，「時間」，「空間」，「仲間」を指し，それぞれが子どもにとって不足していることが問題とされており，子どもから遊びを奪った要因であると考えられている。

　保護者に対するアンケート調査（ボーネルンド，2018）によると，子どものからだ遊びは「十分」と回答した保護者は3割に満たない。また，6割以上の保護者は自身が子どものときのほうが，わが子と比較して，からだを動かして遊ぶ機会は多かったと回答しており，その理由には，「公園や空き地などの場所がない」，「一緒に遊ぶ友だちがいない」，「習い事などで忙しい」と回答している（図1-18）。また，保育所のみならず幼稚園においても在園時間が長くなり，帰宅後に自由になる子どもの時間が少なくなっている事実も見逃せない。したがって，在園時間が長い幼稚園や保育所での遊びを充実させることは，非常に重要なことである。

（1） 時間がない

　まず，遊ぶ「時間」の不足を幼稚園や保育所の生活時間から考えてみたい。

　多くの保育施設では，朝登園をしたのち一斉活動が始まるまでの間，自由遊びが行われる。その後朝の会などから一斉活動となるが，製作活動，音楽活動，学習活動などと共に運動活動が行われることもある。また自由保育の園では，昼食までの間自由遊びが続くこともある。保育所では，園外保育（お散歩）に出向くこともあり，そこでも遊びが中心となる。幼稚園では昼食からお帰りの会までの間，再び自由遊びになることも多く，保育所では昼食が終わると午睡，おやつと続き，その後降園まで自由遊びになることもある。このように園での生活時間の中には子どもが遊びに興じる時間が多いことがわかる。また園での活動は，園の計画にしたがって進められていくが日常的に子どもを観察している保育者の裁量で決定する必要もある。

図1-19　自由遊び

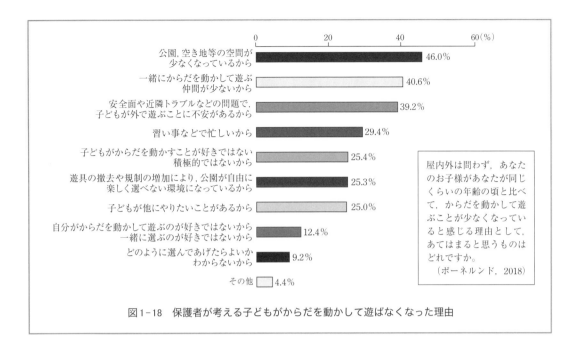

図1-18　保護者が考える子どもがからだを動かして遊ばなくなった理由

グラフ内数値:
- 公園, 空き地等の空間が少なくなっているから　46.0%
- 一緒にからだを動かして遊ぶ仲間が少ないから　40.6%
- 安全面や近隣トラブルなどの問題で, 子どもが外で遊ぶことに不安があるから　39.2%
- 習い事などで忙しいから　29.4%
- 子どもがからだを動かすことが好きではない積極的ではないから　25.4%
- 遊具の撤去や規制の増加により, 公園が自由に楽しく選べない環境になっているから　25.3%
- 子どもが他にやりたいことがあるから　25.0%
- 自分がからだを動かして遊ぶのが好きではないから一緒に選ぶのが好きではないから　12.4%
- どのように選んであげたらよいかわからないから　9.2%
- その他　4.4%

屋内外は問わず, あなたのお子様があなたが同じくらいの年齢の頃と比べて, からだを動かして遊ぶことが少なくなっていると感じる理由として, あてはまると思うものはどれですか。
（ボーネルンド, 2018）

(2)　空間がない

2つ目に遊ぶための「空間」を園の環境から考えてみたい。

近年ビルの一室に設置されている保育所も多く, 園庭が敷地内にない保育施設もある。幼稚園は敷地内, もしくは隣接する位置に設けることが設置基準にて定められているが, 保育所は近隣の公園や神社の境内などでも代替可能であるとされている。しかし, いずれも運動場や屋外遊戯施設の面積基準は設けられており, 子どもが屋外で遊ぶ施設が想定されている。また, 幼稚園では園舎に, 保育所では保育室（遊戯室）, および乳児室（ほふく室）について一人当たりの面積基準が設置されている。したがって, 幼稚園や保育所においては遊ぶ場所は, しっかり確保されているといえる。

(3)　仲間がない

3つ目に一緒に遊ぶ「仲間」について考えてみたい。

園には, 同年齢のみならず異年齢の子どもたちが在籍している。一斉活動では, 同じクラスの子どもと遊ぶことが多くなるが, 自由遊びの中では, 異年齢で関わって遊ぶ姿を見ることもできる。

したがって, 幼稚園や保育所における活動では, 共に遊ぶ仲間は必ず存在する。

図1-20　異年齢で関わって遊ぶ

このように, 幼稚園や保育所における三間は確保されている。社会において三間が減少している現状や長い在園時間という背景があるからこそ, この三間を活かして遊ぶことが求められるといえよう。

2. 遊びの伝承

（1） どの遊びを知っていますか

　　遊びは知っているからこそ行うことができる。

　　「小学生に行ったアンケート調査」によると，鬼ごっこは95％，かくれんぼは94％という結果となった（表1-4）。知っている割合が高いが，5％の小学生が鬼ごっこを知らないであろう状況は見逃せない。

　　5％の回答を生み出しているのは，次のような理由からではないかと考えられる。

① 　実際に「鬼ごっこ」を知らないのではなく，自分の経験した遊びのどれが「鬼ごっこ」なのか，わからない。

② 　「鬼ごっこ」には，何か明確なルールがあるのではないかという不安や迷いがある。

　　このことは，ルールが様々に変容しながら，多種多様な追いかけっこを含む遊びが「鬼ごっこ」なのだという考えに至らなかったのであり，まさに遊びの経験不足を表しているのである。

（2） 遊び経験の有無と意欲

　　遊びの経験は，その後の「やりたい」という遊びの意欲にも関連する（図1-21）。経験の有無別に「やりたい」，「やりたくない」という意欲を比較すると，経験をした子どものほうが「やりたい」と答える割合が高いことがわかる。これは幼児期の遊びが小学生になったときの意欲にも繋がることを示している。

　　また，知っているからこそ経験し，経験するからこそ意欲が起こる，という連鎖が生み出されていることを表しているともいえよう。

（3） 遊びの伝承

　　多くの遊びを知り，経験することが大切であることを前述した。遊びは子どもが自分自身で考え発展させるものと，伝わったり教わったりするうちに経験するものがある。

　　以前は，近所の公園や広場や空き地に行けば異年齢の子どもがいて，何となく年齢を超えた遊びが展開され，その中で低年齢児は，高年齢児に遊びを教えてもらったり，高年齢児に憧れを抱いて真似してみたり，といった中で遊びが伝承されてきた。

図1-22　遊びの名人

> 　保育者は，異年齢が関わることのできる遊び時間や空間の工夫をし，自然発生的な遊びの伝承を促す必要がある。加えて，保育者自身も遊びの伝承者であることを忘れてはならない。自分自身の経験に頼らず，積極的に遊びを習得することに努め，子どもの発達や状況に応じたねらいに沿った多様な遊びを提供していくことも必要である。

表1-4　各遊びを知っている割合

遊びの名称	知っている割合(%)
鬼ごっこ	95.2
缶けり	82.7
♠だるまさんが転んだ	93.9
♠ハンカチ落とし	92.7
かくれんぼ	94.0
おままごと	91.3
秘密基地づくり	86.3
サッカー	92.4
野球	91.7

だるまさんが転んだ

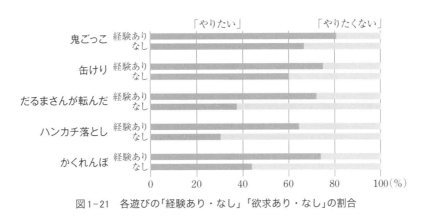

図1-21　各遊びの「経験あり・なし」「欲求あり・なし」の割合

♠缶けり

1. 鬼を一人決めます。鬼が缶から1メートル以上離れるように半径1メートルぐらいの円を書き，その真ん中に缶を立てる。
2. 鬼ではない人の誰かが缶を遠くに蹴る。これがゲーム開始の合図
3. 鬼は缶を拾って元の位置に立て，目を閉じてゆっくり数える。数は広さに合わせて，10～30ぐらい。ゲーム開始前に決めておく。
4. 鬼が缶を拾って，数を数えている間に，他のみんなは隠れる。かくれんぼと同じ要領
5. 鬼は円を出て，隠れている人を見つける。見つけたら，「○○見っけ」といって，円に戻り，缶を踏む。見つけるまでは，鬼は円の中に入ることはできない。
6. 見つかった人は，円の中に入り，缶のそばで助けを待つ。仲間が缶を蹴ったら，見つかって円の中にいる人は自由になる。そして鬼は3からやり直す。
7. 鬼が全員を見つけ，缶を踏んだらゲーム終了

♠だるまさんが転んだ

1. 鬼を1人決め，基点となる場所(壁や木)に立ち，子は20m程離れたスタートラインに一列に並ぶ。
2. 鬼の「はじめの一歩♪」の合図で，子は大股で一歩進む。
3. 鬼は基点を向き，「だるまさんが転んだ」といってから子のほうを見る。子は鬼が振り向くまでの間に鬼に近づき，振り向くと同時に静止する。これを繰り返す。
4. 静止できていなかった子は，鬼に名前を呼ばれて，鬼と手をつなぐ。
5. 子が上手く鬼に近づき，鬼と捕まった子のつないだ手を「切った!」といってさわると，すべての子はスタートラインのほうへ走って逃げる。鬼は「ストップ」といって子を止める。
6. あらかじめ決められた歩数(5歩から10歩)を鬼は移動し，子にタッチできたら交代する。

3. 生活リズムとしての遊び

　子どもの生活は遊びを中心に成り立っている。①朝すっきり起きることができれば，朝からよく遊ぶことができる。②午前中しっかり遊ぶことができれば，昼食を意欲的に食べることができる。③遊びによって，からだが疲れ，食事によって，満腹感を得られれば眠くなり，午睡をしっかりとることができる。④その後，補食（おやつ）をとって，からだが回復すれば，夕方まで遊び込むことができる。⑤十分に遊び込んだ疲れと食事や入浴によりリラックスすれば，しっかり睡眠をとることができる。

　このようにして朝すっきりと起き…，と循環する。しっかり遊び込む時間を確保することで，意欲的な食習慣と，質のよい睡眠習慣を得ることができ，結果としてよい循環を生み出すことにつながる。

　幼児期は基本的生活習慣を身につけ，自立の基礎が培われる時期である。基本的生活習慣とは，睡眠，食事，排泄，清潔，衣服の着脱の習慣を指す。①〜⑤の循環は，基本的生活習慣であり，遊びに直結しているのである（p.74 も参照）。

> 　遊びから基本的生活習慣を身につけることは，子どもにとって楽しみながらこれらを収得することになり，自然な状態で自立した生活習慣をつけられる。遊びを十分に活用したいものである。

4. 保護者との連携・働きかけ

　子どもの遊びを確保するためには，保護者にも子どもの遊びの重要性を認識し，生活の中に取り入れてもらう必要がある。在園時間が長くなっている現状から，平日の外遊びは保育者が担うことになるので，子どもの興味関心や保育中の活動内容，その時々の様子を保護者に伝えることによって，保護者は休日の過ごし方を見直すことができる。保育者は，保護者に無理のない遊びの提案をしたり，子どもが生活の中でできるお手伝いを伝えたりすることで，子どもができるようになったことを家族に確認してもらうことができる。また，そこから新たにできることが増え，それを保育者と共有することで家庭と園との活動が一連のものとなる。子どもが過ごしやすい環境をつくり，保護者と保育者とが共に子どもの成長・発達を喜び，援助することができれば，忙しい保護者の心の支えになることであろう。

　一方，帰宅後や休日に，子どもが自由に過ごす時間を確保することができているか，多くの習い事や忙しいスケジュールで疲れていないかなどの確認も，長時間子どもと過ごす保育者だからこそできることである。

> 　保育者という立場から保護者に正しい知識や情報を提供し，保育者と保護者とが一丸となって子どもの遊びを確保することが求められる。

５つの基本的生活習慣

睡　眠

年齢別の推奨睡眠時間は，1〜2歳：11〜14時間，3〜5歳：10〜13時間，6歳〜12歳：9〜12時間である。夜間就寝が円滑にできるよう，園でのお昼寝と家庭での睡眠の様子を共有し，家庭と連携することが必要である。

食　事

「食育基本法（2005）」の前文には，「子どもたちが豊かな人間性をはぐくみ，生きる力を身につけていくためには，何よりも「食」が重要である」と記されている。食事を通して，地域や季節に応じた食材，様々な調理法や味付けによって，食べることを楽しみ，家族や友だちと食卓を共にすることを楽しむ。さらに，食物ができる過程を知り，食事が心身の健康に主体的に関わることを学んでいく。

排　泄

おむつでの排泄から自分でトイレに行き排泄ができることが，排泄の自立である。いつでもどこでも排泄をする ⇨ 排泄後に知らせる ⇨ 排泄前に知らせる ⇨ トイレでの排泄および排泄後の処理ができる，という段階的に形成されていく。2歳頃からおむつをとるためのトイレトレーニングを取り入れることが多く，3歳児の約70%が排泄習慣を自立している。個人差が大きいため，家庭と連携して進めていく。

清　潔

新型コロナウイルス感染症という試練が子どもたちを襲っている。
正しい手洗いやうがい，マスクの着用を徹底して指導することが求められる。目に見えない汚れをきれいにする必要性と方法を，子どもなりに理解できるように伝えなければならない。また歯磨き，汗を拭く，顔を洗う，爪を切るなどの行為は，身の回りの衛生面の管理のみならず，自分自身が気持ちがよいことを実感させる。

衣服の着脱

袖に腕を通す，ズボンに足を入れる動作から，ボタンをはめる，ひもを結ぶなどの細かな動作も含まれ，様々な動きを身につけることができる。1歳で上着から頭が出たら袖に腕を通す動作，ズボンを穿かせると足をあげる動作がみられる。2歳頃には，自分でやりたいという意欲をもち，ズボンの上げ下げや上着を被せると頭を出すことができる。3歳頃には，簡単な衣服の着脱は，ほぼできる。

保護者との連携

大切なのは「情報の共有」と「思いやり」

保育者は，出来ることをできる限り実行し，いつも最大限の効果が発揮できるようにする。

保護者は，子どもを預け，大事な使命を保育者と一緒に果たしている状態である。

両者ともに「子どもの健全な成長」，「子どもの安全な生活」といった目的を協力して成し遂げるために重要なことは，情報の共有と思いやりである。

図1-23　情報の共有

SECTION 1　幼児期における生活習慣と心身の健康

ねらい：幼児期に育みたい資質・能力や指導事項は，発達の側面から5つの領域(健康／人間関係／環境／言葉／表現)に分類されている。心身の健康に関する領域は「健康」であり，「健康な心とからだを育て，自ら健康で安全な生活をつくり出す力を養う」ことが目的である。
　　　ここでは，幼児期における健康の成り立ちと幼稚園・保育所がもつ健康に対する役割について考える。

〔幼稚園教育要領・保育所保育指針，幼保連携型認定こども園教育・保育要領〕

1.　保育内容の「健康」

(1)　幼児期の生活リズム

　近年，生活リズムの夜型や食生活の乱れ，身体活動量の低下など子どもたちが健やかに成長するための生活習慣を維持することが困難になっている。加えて，子どもたちが犠牲となる事件や事故も多発するなど，のびのびと生活できる環境も限定されている。

　このような幼児期からの生活習慣が，その後の生活において積み重ねられることで，心とからだの成長に様々な影響を及ぼすことがわかってきた。図2-1は，3歳児の就寝時刻と小学4年生の就寝時刻の関係を示している。このグラフから3歳のときに9時以前に寝ていた子どもは，小学4年生になっても9時半以前に寝る割合が高くなっていることがわかる。一方で，3歳のときに10時以降に就寝していた子どもは，小学4年生になっても10時以降に就寝する割合が高くなっている。つまり，幼児期の就寝時刻はその後の就寝時刻にも影響するため，幼児期に好ましい生活リズムを形成することが重要だといえる。

　また，食生活については，柔らかく加工された食品や冷凍食品を多く摂取する傾向が強くなっており，何度も咀しゃくすることが必要とされる硬い食品は避けられている。その背景には，慌ただしい朝の短い時間の中で，朝食にかける時間を少なくするためには，柔らかくすぐに飲み込むことのできる食品，短時間で調理できる食品が優先されるという実態がある。さらに，子どもの好きな食品を食卓に並べることで，食事の時間短縮につながるという時間最優先の考え方が強くなっている。

　幼児期の運動習慣の形成においても，動く子どもと動かない子どものいわゆる二極化が進行し，小・中・高校と年齢が上がるにつれてその差が歴然と表れてきている。その影響は，体力・運動能力の差だけにとどまらず，生涯にわたっての運動習慣の有無にも関係し，生活習慣病の増加を招く要因となっている。

　加えて，食生活の乱れは小児成人病や糖尿病の発症リスクが増すこと，幼児期の運動習慣形成の有無が小・中・高校と年齢が上がるにつれて，体力・運動能力の低下につながる傾向にあることがわかってきている。

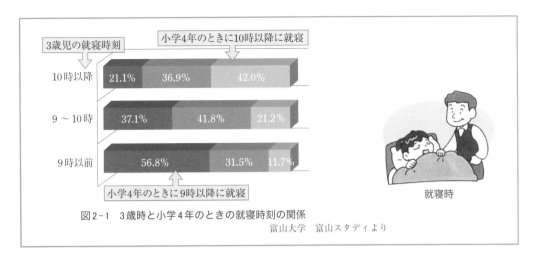

図2-1　3歳時と小学4年のときの就寝時刻の関係
富山大学　富山スタディより

　睡眠や食事，運動といった生活リズムを整えるうえで重要となるのが，子どもを取り巻くおとなの存在である。

　保護者や保育者，教員など子どもに近い存在のおとなが生活リズムづくりに対する意識を改めていくことが必要である。

(2)　幼児期の終わりまでに育ってほしい姿

　「幼児期の終わりまでに育ってほしい姿」が示されたことにより（表2-1），今後の幼児教育が果たすべき役割がより明確になった。その「幼児期の終わりまでに育ってほしい姿」の中では，幼児の心とからだの育ちを重視し，他者との関わりや社会と関わるうえでの心の育ちが強調されている。

表2-1　「幼児期の終わりまでに育ってほしい姿（10の姿）」にみる幼児の姿と保育者の関わりの具体例

姿	幼児の姿（例）	保育者の関わり（例）
健康な心と体	滑り台において，滑った先に人はいないかなどを確認してから滑ったり，明日の遠足に向けて前日の夜は早く寝ることを心がけるなど，自ら安全や健康を確保する	定期的な安全遊具の点検や日常的な環境の安全確認，行事に向けてどのような生活を気をつけるとよいかなどを伝えることが必要とされる
自立心	年下の園児に教える場面で，どう教えたら相手が理解してくれるのかを試行錯誤しつつ，根気強く伝える。登園後，すぐに遊びたいが，身支度を整えることが先にやるべきだと気づいて行っている	伝える際のヒントを出すだけでなく，段階的にスキルアップしていける環境を整えておくことや，視覚でやるべきことがわかるようにしておく
協同性	夏祭りに向けての準備の際，どんなお店を出すか，どんな方法で品物の準備をするかなど，友だちと意見を交わしながら協力して夏祭りに臨んでいる	子どもたちの発想を予想したり，イメージがふくらむような教材，素材を準備しておいたり，行き詰ったときのアドバイスが必要とされる
道徳心・規範意識の芽生え	的当て遊びの際，1番に投げたいが，同時に何人もが投げることができないことを理解し，順番を守ることの大切さに気づき，自分の気持ちをコントロールして列に並んでいる	的当て遊びのコーナーを複数用意したり，順番に並べるように床に線や輪を示すなどの配慮が必要とされる。また，列に並んで順番に行うことで得られる楽しさを言葉で伝える
社会生活との関わり	地域の高齢者施設や地域住民の高齢者を招き，昔の遊び体験でお手玉やけん玉，おはじきなどを使った遊び方を教えてもらうことを通して，高齢者を尊敬し親しみを感じる	お客様を招くときの礼儀作法やマナーについて子どもたちと共有し，みんなが気持ちよく交流する環境づくりについて一緒に考え，実践してみることが必要とされる

思考力の芽生え	プールでの水遊びの際，浮力でからだが浮くことを体感したり，ビート板やトレイなど，大きさ・形の違う様々な素材を水中に沈めようとするときの抵抗の大きさから，空気中と違う感覚があることに気づく。また，そこに乗るためにどうしたらよいか，友だちと試してみている	水遊びで浮力や抵抗が感じられるような様々な素材を用意したり，水を怖がらず楽しめるような遊びを提供したり，興味深いことに気づいた子どもに注目させたりすることが求められる
自然との関わり・生命尊重	トンボのヤゴを飼育する際，餌となるオタマジャクシをヤゴが捕食するシーンを目の当たりにすることで，自然界には常に食う食われるという関係があることに気づき，毎日の食事で自分たちも生き物の命をもらって生きていることに気づき感謝する	園の近くの環境を確認し，子どもたちが生き物採取できる環境を準備したり，飼育できる環境を保育室内つくったりする。採集・飼育活動のみならず，絵本などを通じて自然の営みを伝える
数量や図形，標識や文字などへの関心・感覚	砂でつくったプリンや花をしぼったジュースを人数分に分けることを通して，数量の存在に気づく。自らのロッカーや下駄箱に貼ってあるシールに名前やマークがついていることで，自分の場所だと認識する	子どもの様子をみながら，数や量に関わる働きかけをしたり，様々な形状のカップを準備することで，子どもたちの形や色，数量に対する興味関心を高める。マークや文字に興味をもつよう，言葉で伝えながら，その文字やマークを指さしたりする
言葉による伝え合い	学習発表会の劇発表の際，相手のセリフをしっかり聞いて，その言葉にきちんと答える経験を重ねることで，言葉の大切さに気づき，日常生活における会話にも反映する 子ども同士のトラブルの際，うまく言葉で伝えられないが，周りの子どもが代弁することで徐々に落ちつく	子どもたちの興味関心や普段の生活の様子から劇の内容を考えたり，セリフに反映することで，言葉を通して伝え合うことの楽しさに気づかせる必要がある 自分の気持ちを言葉で伝えるだけでなく，相手の気持ちも言葉で理解するために，仲裁して互いの気持ちをひき出す
豊かな感性と表現	秋の植物が紅葉していく姿をみた際，樹木はどの部分から色が変化していくのかや，なぜ色が変わるのかということに興味関心を向け，その紅葉を表すためには何の素材でどのように表すといいか考える。また，作成した作品を教室の壁面掲示に反映することで，友だちの表現を見て真似したり感想を言い合ったりする	子どもたちの身近な環境の中で紅葉する樹木を把握しておき，園外散歩などを活用し色の変化に気づかせたり，壁面掲示に反映する際の画材を準備する必要がある 子どもそれぞれの表現方法を認めつつ，表現をともに楽しむ

出典：幼稚園教育要領，保育所保育指針，幼保連携型認定こども園教育・保育要領(2017)

> 「10の姿」は，子どもたちの遊びを中心とした活動を通じて育くむことを目指しており，10の項目をそれぞれ指導するのではなく，遊びを通して保育者と関わり合いながら身につけることが望ましい。

2. 健康の成り立ちに対する考え方

　心身の健康を保ち，幼児期の健やかな発達を保障するために生活リズムを整えることが必要であることはすでに述べた。幼児期の生活リズムは，「栄養」，「休養」，「運動」のバランスを組み立てると整いやすく，それぞれを理解しておきたい。

(1) 栄　養(朝食の重要性)

　近年，朝食を食べない子どもの割合は，小・中・高校と年齢が上がるにつれて増加する傾向が続いている。その背景には，生活の夜型により朝なかなか起きられず，朝食を食べずに登校するケースが多いと考えられる。朝食を摂らないことが活動意欲や思考力

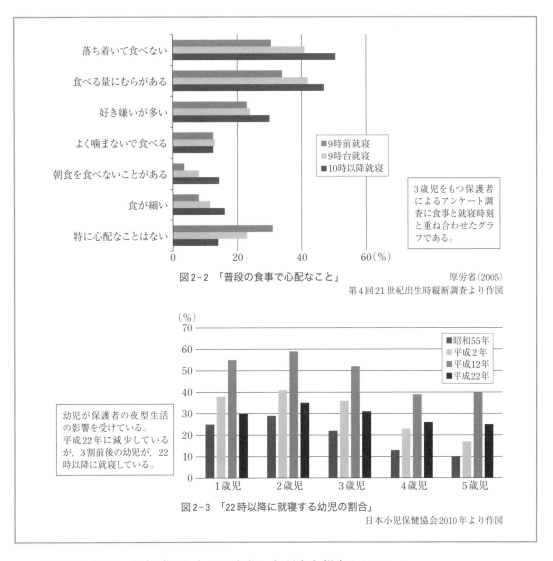

落ち着いて食べない
食べる量にむらがある
好き嫌いが多い
よく噛まないで食べる
朝食を食べないことがある
食が細い
特に心配なことはない

■9時前就寝
■9時台就寝
■10時以降就寝

3歳児をもつ保護者
によるアンケート調
査に食事と就寝時刻
と重ね合わせたグラ
フである。

図2-2 「普段の食事で心配なこと」

厚労省(2005)
第4回21世紀出生時縦断調査より作図

幼児が保護者の夜型生活
の影響を受けている。
平成22年に減少している
が, 3割前後の幼児が, 22
時以降に就寝している。

■昭和55年
平成2年
■平成12年
■平成22年

1歳児　2歳児　3歳児　4歳児　5歳児

図2-3 「22時以降に就寝する幼児の割合」

日本小児保健協会2010年より作図

の低下を招き, 学力低下をもたらすという研究も報告されている。

　朝食は発育や健康維持, 1日を元気に過ごすために欠かせないものである。就寝中も
エネルギーを消費しているので, 朝にはエネルギーや栄養が不足している。そこで朝食
で脳のエネルギー源であるブドウ糖や他の栄養素をきちんと摂取することで, 元気に活
動することができるのである。

　このような状況を踏まえると, 幼児期から3食, 特に朝食を摂ることを習慣化させて
いくことが必要である。そのうえで, まず重要視されることは「食べることへの興味・
関心を高める」ことである。図2-2は, 3歳児をもつ保護者を対象としたアンケートで
［普段の食事で心配なこと］を尋ね, 就寝時刻と重ね合わせて表したグラフである。こ
の図からわかるように, 就寝時刻が遅い幼児ほど「落ち着いて食べない」, 「食べる量に
むらがある」, 「好き嫌いが多い」などの心配事が上位になっている。その一方で, 就寝
時刻の早い幼児ほど, 食事に対する心配事も少ないといえる。したがって, 食事環境や
就寝時刻は, 一つの生活リズムと考えていくとよいだろう。

（2）　休　養（睡眠）

　睡眠は，人間が生きていくうえで欠くことのできない機能であるにも関わらず，生活の夜型化に伴い，短縮傾向にある。睡眠時間の短縮化は，睡眠中に分泌される成長ホルモンを阻害するのに加え，日中の活動量が低下したり，イライラしたりして物事に集中できないなど様々な影響を及ぼすこともわかっている。

　一方，就学前の3～6歳児の睡眠時間は，10～11時間が理想とされている。10～11時間の睡眠時間を確保するためには，朝7時に起床すると考えた場合，夜20時頃には就寝する必要がある。図2-3は，日本小児保健協会が10年おきに実施している「幼児健康度調査報告書」から，「22時以降に就寝する幼児の割合」を示したグラフである。各年齢層で22時以降に就寝する幼児の割合が最も高かった平成12年に比べ10年後の平成22年にはその割合が減少したものの，依然として3割前後の幼児が，22時以降に就寝している実態が明らかになっている。この背景には，保護者の夜型生活があり，幼児はその影響を受け，すでに夜型生活となっていることがうかがえる。

　睡眠時間は個人差も大きいため，子どもをよく観察し，その子に応じた必要な時間を把握することが大切である。また，子どもはすぐに寝つくことができない場合も多いことから，就寝時間の30分前から，絵本の読み聞かせなどをして静かな環境で就寝を促し，子どもの健全な発育のために十分な睡眠時間を確保することが重要である。

（3）　運　動

　近年，子どもたちの身体活動量が減少していることが懸念されており，殊に帰宅後や休日の過ごし方が，大きく影響しているともいわれている。その背景には，様々な社会的な問題も関係している。核家族化や共働き家庭の増加に伴い，親が子どもたちと一緒に外遊びをする時間が減少していたり，子どもたちが犠牲となる事件や事故が多発していたりすることも室内あそびの増加を招いている。

　そのような社会的背景を鑑み，領域「健康」のねらいの一つに「自分のからだを十分に動かし，進んで運動しようとする」と明記され，幼児期における「運動」の必要性や十分な活動量を確保することの重要性が強調されている。加えて，そのねらいに迫る内容として「いろいろな遊びのなかで十分にからだを動かす」とも明記されていることから，幼児期は特に「遊び」を通して様々な経験を重ねていくことが求められている。

　図2-4は，外遊びの減少がもたらす弊害を示している。身体活動を伴う遊びが減少することで体力・運動能力が低下し，生活習慣病の予備軍となることが心配されている。また，遊びの減少が，自己肯定感や社会性の発達つまり，心の育ちにも影響を及

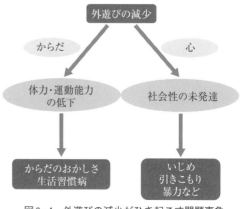

図2-4　外遊びの減少がひき起こす問題事象

ぼすことも心配されている。「できた！」という達成感の積み重ねが自己肯定感を育み，友だちと一緒に遊ぶことを通してコミュニケーション能力が高まり，社会性の発達につながる。しかし，このような経験が少ないまま年齢を重ねることの影響が，後々社会的不適応や問題行動として表面化し，いじめや不登校などの問題に発展することが懸念されている。

　これらの状況を鑑みると現代の子育て環境は，子どもたちにとって好ましい環境ばかりではないことがわかると同時に，教育・保育現場の役割がこれまで以上に重要となっており，保護者と情報を共有しつつ保育所と家庭での子育てを進めていくことが求められる。

> 　領域「健康」では，子どもたちの心とからだが健やかに成長していくうえで必要とされる栄養・休養・運動の大切さについての理解を示しており，日々の教育・保育活動での継続的かつ計画的な取り組みが求められている。

Ｃolumn　６つの基礎食品群と３つの食品群

● 食品の種類，生理作用やはたらき，主な栄養素などによって食品は６つのグループに分類される。

1群：たんぱく質を多く含む食品
　　　肉・魚・卵，大豆食品

2群：無機質（ミネラル）を多く含む食品
　　　牛乳・乳製品・小魚・海藻

3群：カロテン，ビタミンＣを多く含む食品
　　　緑黄色野菜

4群：ビタミンＣを多く含む食品
　　　3群以外の野菜と果物

5群：炭水化物を多く含む食品
　　　米・パン類・小麦・いも類・砂糖

6群：脂質を多く含む食品
　　　油脂類・バター・マヨネーズ

● 栄養素のはたらきによって，赤・緑・黄に分類される。
　①　血や肉，骨など，からだをつくる基になる食品
　②　からだの調子を整える基になる食品
　③　エネルギーの基になる食品

SECTION 2　幼児期の運動遊び

ねらい：領域「健康」のなかでは，子どもの心身の健全な発育発達のために運動遊びがその一端を担っていることがすでに理解できた。
　　　　ここでは，幼児期特有の運動遊びに関わる事項を確認し，幼児期における運動遊びの必要性と，園や保育者が担う役割を考える。

1.　就学前に多様な運動経験が大事

（1）　小学生の運動に対する意識

　「スキップができない」，「転倒したときに手が着けない」，「ボール突き（ドリブル）ができない」，「ボール投げでボールを放すタイミングがわからない」これらは，小学校や中学校の現場から報告された事例である。ここ数年，このような事例を示す子どもたちが増加しており，体育の授業が難しくなっているとのことである。

　平成26年全国体力・運動能力・運動習慣等調査報告によると，小学生に対して「現在，運動やスポーツをすることが好きか嫌いか」をたずねたところ，図2-5に示したように好き，やや好きを合わせると90.9％と多くの小学生が運動やスポーツに対して，好意的であることがわかった。

　次に，ややきらい，きらいと回答した児童に「運動やスポーツがきらいになったきっかけ」をたずねたところ，図2-6に示したように「小学校入学前からからだを動かすことが苦手だったから」の回答が最も多く，授業やその他の場所でうまくできなかったといった現時点より以前から不得手であるという実感を抱いていたことがわかる。

　幼児は，2歳頃から自我が芽生え，何でも「自分でやりたい」という物事に対する意欲が高まる。運動面においても歩くことができるようになった幼児は，次は走ったり，跳んだりする動きに興味を示し，挑戦するようになる。タイミングよく子どもたちにとって魅力的な環境を提供することは，将来的に多様な動きをスムーズに獲得し，運動やスポーツを楽しめる基礎を培うことにつながる。

　しかし，この調査で「小学校入学前からからだを動かすことが苦手だったから」と回答した子どもたちの場合は，からだを動かしたいという意欲が高まった時期に，周囲のおとなが魅力的な運動遊びの環境を提供することができなかったり，保護者や保育者，教育者が一緒にからだを動かして遊ぶということに消極的だったりしたことにより，苦手意識が高まってしまったとも考えられる。

　子どもは自分の力量をおとなが思うよりも敏感に感じており，ちょっとした段差から飛び降りるという行為一つをとっても，できるようになる時期には個人差が存在する。その個人差を度外視し，一様に同じ行為を促すことは，子どもの苦手意識を助長することにもつながりかねない。そのため，周囲のおとなは，挑戦できるチャンスを繰り返し与え，自分の力量ができるであろう時期に達するまで待つ姿勢を大切にしたい。

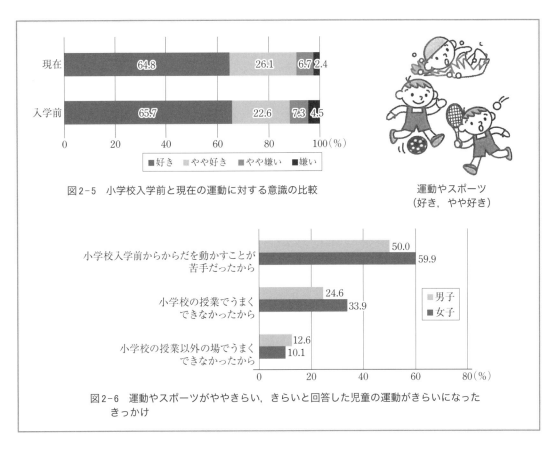

図2-5　小学校入学前と現在の運動に対する意識の比較

運動やスポーツ
（好き，やや好き）

図2-6　運動やスポーツがややきらい，きらいと回答した児童の運動がきらいになった
　　　きっかけ

（2）　スキャモンの発育発達曲線

　　スキャモンの発育発達曲線（図2-7）とは，アメリカの医学者であり，人類学者であるスキャモンが1928年に発表したグラフである。多くのスポーツ指導者，教育関係者が参考にしていることは有名である。子どもの成長には，様々な器官の発達の順序があって，その目安にもなる。誕生から20歳までの発育量を100％としたときの，それぞれの年齢における成長割合を4つの系統に分けて示している。様々な動きを獲得するパターンは「神経系」の曲線が表しており，脳，脊髄，視覚などの神経系や感覚器系が関わる。

　　この図が示すように，「神経系」は自我が芽生え様々なことに興味を示し始める2歳頃から急激に発達し，小学校に入学する前には9割程度まで

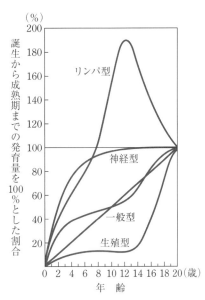

図2-7　スキャモンの発育・発達曲線

達する。前述した「小学校に入学する前から，からだを動かすことが苦手だったから」の子どもたちは，この時期に多様な運動経験を積むことができなかったことも一因であることがわかる。

（3） 多様な動きの獲得の利点

　例えば，一輪車では，小学校低学年までの段階で集中的に練習を重ねると比較的短期間で乗れるようになるが，その時期以降ではかなり困難になることからも想像できる。

　多様な動きを獲得することは，運動を楽しむことにつながり，それは生涯にわたってからだを動かす習慣づくりにもつながる。そして，からだを動かす習慣が形成されることにより，近年子どもにも増加している生活習慣病をはじめとする疾病へのリスクを下げることになる。さらに，多様な動きの獲得は，とっさのときに自分のからだをコントロールし，けがや事故から自分の身を守る能力を高めることにもつながる。

2. 幼児期の運動は質より量が大事

　幼児期は，神経系の発達を促すような多様な動きを経験することが大切であり，幼児期以降の運動の発達基盤を形成する重要な意味をもっている。図2-8は，運動の専門指導者が指導した園（月に7日以上，月に1〜6日）と指導しなかった園とで運動能力を比較したグラフである。その結果から，幼児期に有効な運動のあり方について考える。

（1） 運動指導者ありの場合

　運動指導者による指導がある方が，運動能力得点が低かった。この結果は，指導の内容や方法が関係している。「運動指導者あり」の園の多くは，マット，跳び箱，鉄棒などの器械体操やサッカー，ドッジボールなどの球技を実施している。もちろん，このような運動指導を否定するのではなく，種目の選定や指導方法が子どもたちの実態に合っているか否かが問題である。

　幼児期は個人差が大きく，器械体操や球技はできる子どもにとっては楽しいものの，できない子どもにとってはつらい時間を過ごしている可能性がある。また，器械体操種目は，一人ひとりを丁寧に指導することも多いため待ち時間が多く，運動量は，さほど多くないケースもある。

（2） 運動指導者なしの場合

　「運動指導者なし」の園の方が，運動能力得点が高いという結果であった。このような園では，子どもたちがやりたい遊びを選び，友だちとコミュニケーションを取りながらからだを動かしているため，十分な運動量が確保されやすい。運動能力に表れた差は，日々の運動量の差と捉えられ，この時期の子どもたちの運動能力の発達にとっては，質の高い運動指導よりも毎日の自由遊びの時間による運動量確保の方が重要であるということである。加えて，子どもたちの「やってみたい」という気持ちを誘発する物的環境や子どもたちと一緒にからだを動かす保育者や友だち，保護者といった人的環境が，活動量を大きく左右することも覚えておきたい。

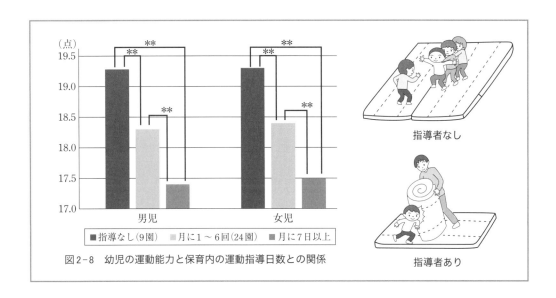

図2-8　幼児の運動能力と保育内の運動指導日数との関係

3. 運動遊びを通して高められる力

領域「健康」の内容には，

(1)　先生や友だちと触れ合い，安定感をもって行動する。

(2)　いろいろな遊びの中で十分にからだを動かす。

(3)　進んで戸外で遊ぶ。　　　(4)　様々な活動に親しみ，楽しんで取り組む(以下省略)。

〔幼稚園教育要領　2章　ねらい及び内容，健康，2内容〕

と表記されており，ねらいを達成するうえで「遊び」は欠くことができない。

前述の運動能力調査結果はその一例で，保育者が適切な環境を提供することができれば，子どもたちは自然に多様な動きを身につけ，友だちとのコミュニケーション能力を高め，物事に取り組む意欲を高めることができる。このように「遊び」がもたらす効果は幅広く大きいため，積極的に取り入れていくことが求められる。

表2-2には，幼児期に身につけたい動き(多様な動きをひき出す基本的動作 p.42, 43参照)

表2-2　幼児期に身につけたい動きとそれらを含む伝承遊び

身につけたい動き	遊　び
からだのバランスをとる動き	だるまさんが転んだ，ケンケンパ，おしくらまんじゅう，尻ずもう，綱渡り　など
からだを移動する動き	鬼ごっこ，ドンじゃんけん，かくれんぼ，ゴム跳び，木登り，馬跳び，しっぽとり，ハンカチ落とし　など
用具などを操作する動き	風船突き，的当て，玉入れ，ボール突き，お手玉，羽根つき，けん玉，メンコ，縄跳び　など

「からだのバランスをとる動き(平衡性)」「からだを移動する動き(移動性)」「用具などを操作する動き(操作性)」とそれらの動きを獲得しうる伝承遊びを例として示した。普段何気なく取り組んでいる遊びでも，身につけたい動きと重ねて整理することで，それぞれの遊びの中に含まれている要素や，身につく動きなどを理解することができる。

SECTION 3 幼児期運動指針

ねらい：幼児期運動指針〔文部科学省 2012〕では，幼児期における運動の意義を豊かな人生をおくる基盤づくりとし，幼児は様々な遊びを中心に，毎日合計60分以上，楽しくからだを動かすことが大切だとしている。ここでは，幼児期運動指針における運動遊びを理解し，保育に活かす工夫について考える。

1. 幼児期運動指針のポイント

　　幼児期運動指針は，幼稚園・保育所問わず，3〜6歳の幼児を対象とした幼児期の運動の大切さについての認識を高めること，加えて保護者や保育者，子どもに関わるすべての人が，幼児期の運動や実施に対する考え方を共有することを目的として策定されたものである。

(1) 幼児期における運動の意義

　　幼児期運動指針では，幼児期の運動（運動遊び）における意義として，以下の5つを示している。

① **体力・運動能力の向上**

　　特に幼児期は神経系機能の発達が著しく，5歳頃までに，大人の8割程度まで発達するといわれている。そのためタイミングよく動いたり，力の加減をコントロールしたりするような運動を調整する能力が向上する時期である。この能力は，新しい動きを身につけるときに重要なはたらきをする力であり，事故やけがを防止することにつながるものである。この運動能力を高めていくことは，児童期以降の運動能力の基礎を形成する重要な意味をもっている。

② **健康なからだの育成**

　　幼児期に運動習慣を身につけると，身体の諸機能の発達が促され，生涯にわたる健康的な生活習慣の形成にも役立つ。幼児にとって，からだを動かして元気に遊ぶことは，身体的にも，精神的にも健康を維持することにつながると考えられる。

③ **意欲的な心の育成**

　　幼児にとって，思いきりのびのび動くことは，健やかな心の成長を促すことになる。運動遊びの成功体験による有能感は，もっとからだを動かしたいという気持ちを増大させ，何事にも意欲的に取り組む態度を養う。

④ **社会適応力の発達**

　　幼児期には，徐々に多くの友だちと群れて遊ぶことができるようになる。ルールを守り，自己を抑制し，コミュニケーションを取り合いながら社会性を養う。

⑤ **認知機能の発達**

　　運動には，脳の多くの領域を使用するため，幼児が遊びの中でルールを変化させたり，新しい遊びを創造したりするなど，運動制御能力や知的機能の発達に有効である。豊かな創造力を育むことにもつながる。

（2） 幼児期における運動の推進

　幼児期における運動の行い方として，「幼稚園，保育所などに限らず，家庭や地域での活動も含めた一日の生活全体の身体活動を合わせて，幼児が様々な遊びを中心に，毎日，合計60分以上，楽しくからだを動かすことが望ましい」と述べている。在園時間が長い子どもであれば，帰宅後の運動遊びは，ほとんど望めないことから，園における運動遊びの時間の確保が必要となる。さらに，この推進にあたっては，以下の3点がポイントである。

① **多様な動きが経験できるように様々な遊びを取り入れること**

　神経系の発達が著しい幼児期に多様な動きを経験することは，幅広い動きを身につけることができる。そのため，特定のスポーツや運動を繰り返すよりも，自発的な遊びを促すことで，総合的に多くの動きを身につけることができる。

② **楽しくからだを動かす時間を確保すること**

　幼児期は，興味をもった遊びに熱中するが，他のものにも興味をもち，遊びが次々と変化することも多い。変化することで，多くの動きを経験することになり，そのためには時間的な保障が必要になる。

③ **発達の特性に応じた遊びを提供すること**

　発達は個人差が大きいため，一人ひとりの興味・関心に基づいた遊びを援助することで，からだに負担のない自発的な遊びを促すことにつながる。また，家庭や地域との連携などに配慮することも求められる。

　発達の個人差が大きい子ども一人ひとりに対し，個々の興味・関心を運動遊びに向けるような工夫，自発的に運動遊びを「やりたい」と思えるような環境設定，思う存分遊び込める安全の確保をすることが求められる。したがって，「できるようになった」「上手になった」という結果を求めるものではなく，遊びを中心に行われることが重要である。そのような遊びに楽しい経験が加わることで，自発的な運動遊びを推進することができる。

（3） 幼児期における動きの獲得

　幼児期に様々な動きが発達していくことを「動きの獲得」という。この「動きの獲得」には，動きの種類が増える「動きの多様化」と動きが上手にできるようになる「動きの洗練化」とに分けて考えるとよい。

　「動きの多様化」とは，多くの動きができるようになることである。一つの遊びには多くの動きが含まれていることが多く，遊びの種類が増えれば，必然的に多くの動きを獲得することができる。

　「動きの洗練化」とは，各動きに無駄な動きや過剰な動きが減少してスムーズな動きになったり，合理的で効率の良いからだの動かし方を身につけた動きになったりすることを指している。それぞれの動きに対する経験を積むことによって，動きは洗練化されていく。

2. 多様な動きの理解

　子どもの遊びは，興味に従って様々に変化するものであり，多くの遊び時間の中では，多くの遊びが出現し，結果的に多くの動き（多様な動き）を経験することになる。保育の場面では，保育者が多様な動きを理解し，それをひき出すような働きかけや子どもが自由に遊ぶための環境づくりが求められている。

　多様な動きとは，子どもの遊びや活動の中で出現する基本的動作（図2-9）である。

　すなわち，立つ，座る，寝ころぶ，起きる，回る，転がる，渡る，ぶら下がるなど

<からだのバランスをとる動き>

歩く，走る，はねる，跳ぶ，登る，下りる，這う，よける，すべるなど　　<からだを移動する動き>
持つ，運ぶ，投げる，捕る，転がす，蹴る，積む，こぐ，掘る，押す，引っ張るなど

<用具を操作する動き>

に大きく分けられる。

　からだを動かす遊びには，これらが組み合わされて，多様な動きが含まれることになる。例えば，「走る」は，追いかける，逃げる，かわすなど，速さや方向を変えることで，動き方にも多様性が生まれる。また，からだの様々な部位を動かすことにつながるだけでなく，「ゆっくり歩く」「静かに歩く」「高く跳ぶ」「遠くに跳ぶ」という同じ動きに変化をつけることで，からだの様々な動かし方を身につけることができる。これらのことから幼児期の生活を通して様々な場で運動あそびが重要であり，それが可能となるような環境を整える工夫が必要である。

　保育者は幼児の発達的な特徴を理解し，子どもの興味や関心に基づいたプログラムを提供することが期待される。

●からだのバランスをとる動き

立つ　　座る　　寝ころぶ　　起きる

回る　　転がる　　渡る　　ぶら下がる

● からだを移動する動き

歩く　　　走る　　　はねる　　　跳ぶ

登る　　　下りる　　　這う　　　よける　　　すべる

● 用具などを操作する動き

持つ　　　運ぶ　　　投げる　　　捕る

転がす　　　蹴る　　　積む　　　こぐ

掘る　　　押す　　　引っ張る

図2-9　幼児期に経験する基本的な動きの例

文部科学省：幼児期運動指針ガイドブック

3. 保育に活かす工夫

（1） 遊びの提案・伝承

　　遊びの経験の多くが園での活動となる幼児期の子どもにとって，同学年の子ども，異年齢の子ども，保育者は遊びを提案する者であり，遊びの伝承者である。子どもからは，自由な発想のなかで様々な遊びが生み出されるだけでなく，子ども同士の関わりによって社会的・認知的能力の向上も期待できる。保育者は，子どもが知らない遊びを伝え，その遊びを子ども同士で広げることができる援助と共に，その遊びの楽しさも同時に伝える必要がある。したがって，単に方法やルールを伝えるのみならず，保育者も一緒に遊びに加わりながら，動きを伴った遊びの楽しさを実感として伝えなくてはならない。

　　図2-10は，鬼ごっこを童話のイメージで展開させたものである。子どもたちは，保育者と一緒に遊んだ経験を通し，遊びの楽しさを実感することで，子ども同士の遊びを広げていく。

（2） 時間の確保

　　幼稚園・保育所では，自由遊びの時間を確保しやすい。この時間は，子どもが自由に遊ぶことができる時間であることを念頭におきつつ，保育者が提案する遊びをやりたいと思う環境や，遊びが伝承されていく環境をつくることも必要である。子どもが自ら「やりたい」と思って取り組むことで，主体性や自発性を育み，その後も子どもが経験した遊びが広がることが予測できる。したがって，子どもの意欲や欲求に関わらず行われる一斉活動における運動遊びと，子どもの欲求に応じて行われる自由時間における運動遊びとに分けて考えたうえで，自由遊びの時間を確保することが望ましい。ただし，一斉活動での経験が引き金となって，自由遊びに展開されることがあることも考えておく。

（3） 動きの観察・理解

　　保育者は，28の基本的動作をもとに，発達や環境に応じて子どもの遊びや動きをよく観察することが必要である（図2-9参照）。なぜならば，あまり見受けられない動きや洗練されていない動きに気づき，それらの動きをひき出したり洗練させることができるような遊びの提案が求められるからである。表2-3を使って，子どもたちの動きをチェックしてみるとよい。持つ，走る，跳ぶ，回る，蹴るなどの動きは，比較的よく見受けられるが，登る，引っ張る，押す，捕る，投げるなどの動きは，現代の子どもたちには少なくなっている動きである。この動きを活発にするためには，子どもの動きを観察すると共に，保育者自身が動きに対す

表2-3　動きのチェック表

走る		登る	
蹴る		片足立ち	
押す		引っ張る	
投げる		捕る	
跳ぶ		転がる	
回る		つかまる	
持つ		寝転ぶ ⇒起きる	

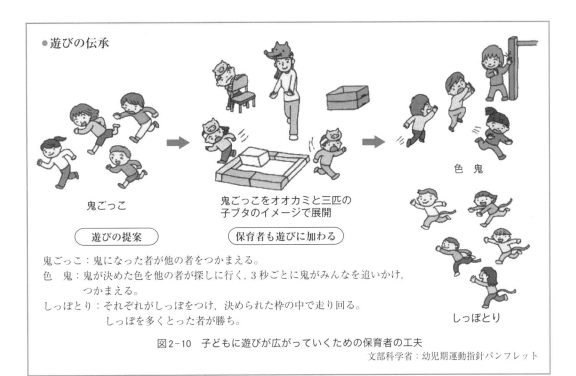

●遊びの伝承

鬼ごっこ

鬼ごっこをオオカミと三匹の
子ブタのイメージで展開

色　鬼

しっぽとり

遊びの提案

保育者も遊びに加わる

鬼ごっこ：鬼になった者が他の者をつかまえる。
色　鬼：鬼が決めた色を他の者が探しに行く，3秒ごとに鬼がみんなを追いかけ，
　　　　つかまえる。
しっぽとり：それぞれがしっぽをつけ，決められた枠の中で走り回る。
　　　　　　しっぽを多くとった者が勝ち。

図2-10　子どもに遊びが広がっていくための保育者の工夫
文部科学省：幼児期運動指針パンフレット

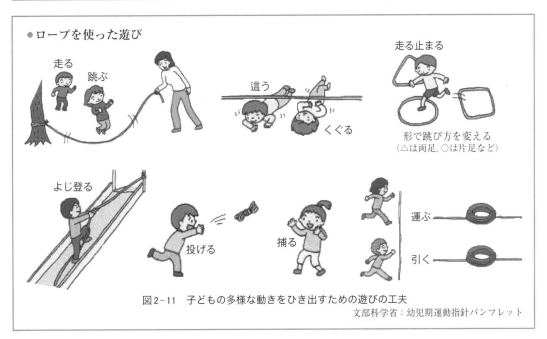

●ロープを使った遊び

走る

跳ぶ

這う

くぐる

走る止まる

形で跳び方を変える
（△は両足，○は片足など）

よじ登る

投げる

捕る

運ぶ

引く

図2-11　子どもの多様な動きをひき出すための遊びの工夫
文部科学省：幼児期運動指針パンフレット

る理解と動きをひき出す工夫をすることが必要である。よく見受けられる動きは，空間
や人数，遊具の変化を伴うなどの工夫によって，様々な遊びをひき出すことができる。
しかし，あまり見受けられない動きは，その動きを自然にひき出す環境の設定や，その
動きを伴う遊びの提案もできる（図2-11）。その一点にこだわって指導するとトレーニ
ングのようになってしまい，結果的にその動きから子どもを遠ざけることにもなる。し
たがって，あくまでも遊びの中で自然にひき出すことを意識した工夫が必要である。

3章　幼稚園・保育所における運動遊び

SECTION 1　普段しない動きをする運動遊び

ねらい：遊び経験が乏しく，からだを巧みに使うことができない子どもが多くなっている。発達に役立つ多様な動きをひき出すためには，子どもが普段しない動きをひき出す工夫が必要である。
　　　ここでは，普段しない動きをひき出す運動遊びのポイントをあげ，保育者に求められる役割を確認する。

1.　遊びの変化や発展を考える

　幼児期に多様な動きを身につけることは，からだを巧みに動かすことにつながり，成長段階における様々な運動やスポーツに役立つ。さらには，臨機応変にからだを使うことができるようになるため，生涯にわたって自らのからだを守ることになる。身につけることが必要だといわれる多様な動きを理解しやすくするために基本的動作「28の動き」(p.42, 43)をもとに，子どもたちに日頃あまりみられない動きをひき出すための変化をあげる。

（1）　遊びに関わる人数を個人から集団へと変化させる

　遊びには，その遊び特有の技能が必要である。例えば1人でのボール遊びでは，自分で上に投げる，捕る，ついて捕る，転がす，蹴るといったものがある。また，的に向かって投げたり転がしたり蹴ったりする。2人以上での遊びになると，相手のボールに合わせた変化を楽しむ。

　このように相手の動きに合わせたり，相手の動きを予測しながら自分の動きを決めたり，役割が異なると動きが変化したりするなど，関わる人数が変化することで，動きの違いや発展が生まれる（図3-1　個人から集団へ）。

（2）　空間を変化させる

　「空間を変化させる」とは，広さや高さ，傾斜などを変化させることである。同じ遊びでも，空間が変化すると子どもの動きに違いが生じる。

　例えば鬼ごっこでは，移動空間が広すぎると，鬼と追いかけられる子どもだけがたくさん走り，そのほかの子どもが動かない状態が生じるので，空間を狭める，鬼を増やすなどの対応をするとよい。逆に狭いときは，走るといった運動量は減るものの，よける，ターンする，しゃがむなどの動きが出やすくなる。

　また，逃げるところとして，固定遊具や大型遊具を利用することで高さや傾斜が生まれ，よじ登ったり，跳び降りたりという動きが生まれやすくなる（右図　空間の変化）。

（3）　図形を変化させる

　「図形を変化させる」とは，直線を曲線にしたり，円を三角や四角にすることである。

●個人から集団へと変化させると子どもの動きが変わる

1人で遊ぶ

2人で遊ぶ

ボールから逃げる

集団で遊ぶ

●空間を変化させ子どもの動きをみる

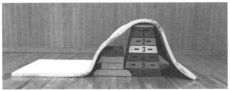
動線の変化

跳箱とマットを組み合わせたり，巧技台を用いたりすることで，「高さ」や「傾斜」を変化させると，よじ登る，這い降りる，這い上る，かけ降りる，滑る，転がり降りるなどの動きをひき出すことができる。

●図形を変化させて，からだの動きをみる

園庭に曲線を描き，そのラインに沿って大玉を転がすと，まっすぐ進むときとは異なる力加減となる。

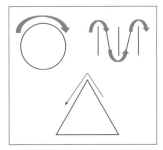
室内であれば，カラービニールテープでラインを示したり，取っ手のない縄やバランス棒を置いたりしてもよい。また，土の園庭であれば，水やラインパウダーを活用するとよい。

図3-1　普段しない動きをみる

　例えば「歩く」という動きでは，直線を歩く，円を歩く，三角を歩く，ジグザグに歩くなど図形の変化によってからだの使い方が異なる。

　「どんじゃんけん」をまっすぐな線上から四角にすると，曲がらなくてはいけないコーナーができ，方向を変えたりスピードの調整をしたりするようになる。このように，子どもの発達に応じて図形を変えることは，普段しない動きをひき出すことにつながる（上図　図形の変化）。

（4）　方法を変化させる

　「方法を変化させる」とは，動きを変えたりルールをアレンジしたりすることである。例えば，ボールを投げて捕る遊びでは，ボールを高く投げ上げて拍手をしてから捕る，床タッチをしてから捕る，その場で1回転してから捕るなど投げてから捕る間に別の動

作を入れて行うことで，同じ遊びでも多くの動きを経験できる。また，逃げる・追うといった追いかけっこでは，走るだけでなく，くまのはいはいやカニの横歩きなど生き物になりきって楽しみながら，様々な動きをひき出すことができる（図3-2　方法の変化）。

(5)　遊具を変化させる

「遊具を変化させる」とは，これまで使用していた遊具の特性を踏まえて，形を様々に変えたり，置き方を工夫したりすることである（図3-2　遊具の変化）。

①　縄

縄を縄跳びの遊具として使う。まっすぐに置く，輪にする，結んでかたまりにする，2本・3本とつなぐなど工夫してみると，遊具への関わり方が変わり，遊びが広がる。

②　マット

マットは平面に置く遊具として使うことが多いが，何枚か重ねて高くする，離して置く，のり巻きのように丸める，それを立てるなどのように変化させることで，様々な動きをひき出すことができる。

(6)　遊具を複合的に使う

「遊具を複合的に使う」とは，遊具同士を組み合わせたり，連続させたりして使うことである。同じ遊具でも連続して使うことにより，動きにも連続性が生まれる。特に4歳児後半から動きは，単一動作から複合動作，連続動作へと可能性が広がるので，図3-3に示したような用い方をする。遊具と遊具の移動はケンケンする，スキップするといったように動きを変化させることも可能であり，自分の好きな遊具を自分の好きな方法で通過することで様々な動きをひき出すことができる。並べた遊具の回る順番を決めてしまうと，平均台を渡る，巧技台のはしごを登るといった遊具のところで，動きの流れが止まってしまうことがある。これを避けるためには，空いている遊具，好きな遊具を選び自由に遊べるように設定し，動線を確保しておくとよい。ただし，衝突を避けるため，遊具への入口と出口位置は決めておき，逆走しないことや遊具の途中を横切らないことを子どもに伝える必要がある。また，高さのある遊具や傾斜の部分，動線など危険が潜む場所を確認し，「どんな危険がありそうか」について子どもに考えさせ，一緒に話し合うようにする。

2.　普段しない動きをひき出す工夫

(1)　遊びたくなる環境を準備する

園庭に曲線を描けば，そのラインに沿って走るかもしれないし，遊具を組み合わせて高さに変化をつければ，跳びのったり，転がり降りたりするかもしれない。このように，その動きをひき出す場や教材を準備すれば，子どもが主体的に関わることができる。

(2)　子どものやり方を尊重する

子どもに体験させたい動きをする環境構成をしても，異なる動きで遊び始めることがあるが，子どものやり方を尊重することは，普段しない動きひき出すことにもなる。

●方法の変化

子ぐま　　　　　親ぐま　　　　子ぺんぎん　親ぺんぎん　　　カニ　　　　カエル

子どもの豊かな想像力で模倣運動をしながら，からだのバランスをとり，上肢と下肢の協応性が身につく。いろいろな生き物に変身して，なりきって遊ぶことを楽しめる。

●遊具の変化

〈縄で何ができるか？〉

A．結んでボール状にして，投げたり，蹴ったりする。

B．数人で縄を中央でからめて引っ張り合い，バランスをくずしてしまったら抜けるゲームをする。

C．輪にしたり，曲線に置いたりして，縄から落ちないようにバランスをとって歩いたり，ケンケン跳び，両足跳びなどをすると楽しめる。

〈マットで何ができるか？〉

A．丸めたマットの上にまたがって乗り，保育者が揺らしても落ちないようにしがみつく。

B．保育者が怪獣役になり，子どもは，それをやっつけるヒーローになってタックルしたり，助走でいきおいをつけて押したりする。

図3-2　遊具の特性を生かして

●遊具を複合的に使う

巧技台の平均台

遊具と遊具の間に子どもが走り抜けることができるよう間隔を空けて設定する。

トンネル（マットや段ボール）

トンネルが長すぎると死角が増えるので，間を空ける

遊具の入り口がわかるように目印を置いたり，ビニールテープを貼る。

巧技台のはしご

傾斜をつける

跳び箱＋マット

助走部分を他の子どもが横ぎらないよう印をつける。

図3-3　複合的な遊具の設定と動線の考え方

（3）　動きをオノマトペで表現する

身近な生きものの動きを楽しむとき，「カエルさんはピョンピョン」「ヘビさんはニョロニョロ」などと動きをオノマトペで表現すると，イメージが広がり，動きをひき出しやすい。

SECTION 2　小さな空間での運動遊び

ねらい：駅前保育所やビル内保育所のように，園庭をもたない保育施設や小さな園庭，室内であったとしても，多様な動きをひき出したり，運動量を確保したりできる運動遊びを提案することが保育者には求められる。また，梅雨などの天候不良が続くときや，猛暑で屋外で長時間過ごすことが難しいときにも対応できるようにする必要がある。

　ここでは，室内でも多様な動きと運動量を確保することを目的とした運動遊びの考え方を述べる。

1.　動作と動線の工夫

　思いっきり走るには，広い空間が必要となるため，室内や小さな園庭では走る動きを伴った遊びを取り入れることは難しい。しかし，どのような状況においても，思いっきり走ることに匹敵するような運動遊びの提案が必要なときもある。そのため，からだのあらゆる部位を使った動きや決められた場所を移動する動きを用いて運動量を確保し，多様な動きをひき出す工夫ができる。

（1）　動作の工夫

　小さな空間を活かすため，室内では床の特徴を利用して滑る，寝転がる，手のひらをつくなどの動作も取り入れやすい。加えて，走・投・跳といった基本運動の補助動作を取り入れると，大きな空間に出たときに思いっきり動くための助けになるというメリットもある。そこで，上半身を十分に使い，全身を連動させる動作に注目してみたい（図3-5）。

図3-4　大きな空間へ

　これらの動作は，腕の動作によって下半身の動きをひき出しやすくしており，走るときの補助動作にもなる。また，全身のバランスをとるためにからだの軸をずらさないよう固定することも求められ，多くの姿勢や運動に必要となる体幹の筋力を養うこともできる。このように，室内だからこそ取り入れやすい動きを用いた遊びを提案するとよい。

　これらの動きをやってみるだけにとどまらず，これらの動きを用いてリレー遊びや鬼ごっこにつなげることもできる。ゲーム性をもたせることで，まっすぐ進むだけの動きから，後ろに進んだり方向転換したりする動きが加わり，さらには周囲を見ながら自分の動く方向を決めて進むというように見通しをもった動きも加わる。

> このように，小さな空間であっても動作の工夫をすることで，大きな空間ではひき出しにくい動きをひき出すことができる。それによって，多様な動きの習得につながると共に，小さな空間でも十分な運動量を確保することができる。

（2）　動線の工夫

①　**線を使って**　床につくった線の上だけでの遊び

●様々な動作

腕を大きく振って骨盤の回転を使って足を前に出す

お尻歩き

体育座りの姿勢から足の裏と手のひらをしっかり床につけ，お尻を床から離して手足で移動する（からだの背面を使うようにする）。

クモ歩き

両足は離さず，膝と腕の曲げ伸ばしを連動して移動する。

ボート漕ぎ

手のひらを全部つけ，腰を上げ，膝をつけない姿勢で前進する。

雑巾がけ

うつ伏せで，肘と膝を伸ばしたまま腕で移動する（腕でからだを支えつつ，腰の動きも，うまく連動させる）。

アシカ歩き

からだをまっすぐにして寝転がり，足の動きで転がる。

焼きいもコロコロ

図3-5　上半身を使う動き

② **動きを妨げる**　手をつないだり，並んだままでの遊び

　図形の変化（p.47参照）の動線を限定する工夫のほか，お相撲ごっこ（押し相撲，ケンケン相撲，お尻相撲）やおしくらまんじゅうなどのように，線から出てはいけない遊びは動きの範囲を決めることができるため，空間の広さに応じて対応できる遊びである。

　例えば，線鬼はライン上だけを使って追いかけ，逃げる鬼ごっこで，年齢に応じて様々なラインを考えて遊べる。

　また，手をつないだり，並んだ状態を崩さないようにしたりすることで，自然にその範囲から動くことがないだけでなく，からだが制限されていることで全身をうまく使うことにつながる。例えば，人間ちえの輪は，手をつないで円になった状態で手を離さないようにくぐったり，またいだりする。それをほどくように指示を出して動かす。

　　動作や動線を制限したりすることは，からだの動きを狭めるのではなく，結果的に動きを広げることにつながる。使用可能な場所や人数に応じて，動作や動線を考えてみると工夫は無限に広がる。

2. 投げる遊び

　現代の子どもの体力テストの結果をみると，最も低下傾向にあるのはソフトボール（ハンドボール）投げである。

　特に男児は，野球離れの影響も作用し，小学生以降も低下の一途である。投動作は，腕や肩の力だけでなく，全身を連動させて行う全身運動のため，からだの使い方を習得するには，よい運動遊びとなる。年齢と共に，肘が上がった状態で投げる（オーバーハンドスロー）動作に近づけられるよう，工夫することが大切である。

　また，周囲の環境にも考慮し，室内でも思い切り投げることが可能な環境をつくることも考えてみよう。

(1) 軽い素材を使って

図3-6　新聞紙ボールの玉入れ

　風船や空気を入れたビニール袋を頭の上ではじくことによって，頭上で物に触ることを覚えることができ，肘を上げる投動作の第一歩といえる。

　また，新聞紙を丸めた新聞紙ボールのように軽い素材で遠くに飛ばないボールを使用して，玉入れやネットを挟んで相手側に新聞紙ボールを投げ入れる遊び（図3-6）に発展させることができる。高い場所を目標にすることで，肘を上げる動作を自然と身につけることがねらいである。

　次にめんこを投げる（床に投げつける）動作や，紙でっぽうのように上から強く腕を振り下ろす動作を伴った遊び（図3-8）は，腕を振り下ろす，体幹をひねるといった投動作に必要な動きを身につけることができる。

(2) ボールを使って

図3-7　的当て

　上から吊り下げたタオルやシーツに向かって投げることで，跳ね返ることはなく，投動作を伴った遊びを取り入れることができる（図3-7）。

　したがって，テニスボールやビニールボールなどのボールを使用することが可能であり，ボール本来の重さを感じながら投動作を行うことができる。的当てでは，吊り下げたタオルなどにあらかじめ的になる印を記しておく方法，左右に動く人が的になる方法など，様々な方法を考えることができる。

　ドッジボールは，外野を置かずに，向かい合った状態で投げ合うこともできる。当たった人は，外から応援する，相手チームに入るなどの方法を考えることができる。

● 紙でっぽうのつくり方

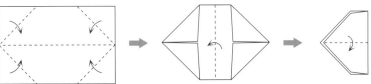

① 横半分に折って開く　　② 折線にそって四隅を内側に折る　　③ 縦半分に折る

 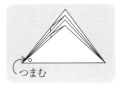

④ 横半分の折線に沿って，
　つぶすように開く　　⑤ 裏側も同様に開く　　⑥ 横半分に折る。出来上がり！

出来上がり　　　　完成！

つまむ

紙でっぽうで
大きな音をならそう！

風船

● めんこのつくり方

 白

① 牛乳パック3枚を貼り合わせる。
② 表・裏がわかるよう異なる絵や印にする。
③ 3枚の真ん中に何も描いていないものを重ねる。
④ 四角いめんこをつくって，強さを考えよう。

表　　　真ん中　　　裏

投動作

思いっきり投げつけて，
相手のめんこを動かそう！

図3-8　投動作を身につける　紙でっぽう・めんこづくり

SECTION 3　運動量を確保する運動遊び

ねらい：現代の子どもたちは，子どもらしい興奮が少なく，歩数の減少や運動不足の状態にあると指摘されて
いる。幼稚園・保育所は，運動を行う時間，場所，仲間が存在し，さらには運動遊びを伝承し，運動
遊びに導くことのできる保育者が存在する。そのため，様々な運動遊びを行うための環境が整ってい
るといえる。
ここでは，持久的・瞬発的な側面から「運動量の確保」を目指すための工夫をしてみよう。

1.　持久的な運動遊びの確保〈低強度〉

　持久的な運動というと，持久走のような長時間同じことを繰り返す運動を思い浮かべ
るが，幼児期の子どもにとって，同じことをずっと繰り返す，速い・遅いがはっきりわ
かるといった運動は適さない。あくまでも遊びであるということに徹し，子どもが楽し
むことができる要素を取り入れる必要がある。

（1）　散　歩

　園外への散歩は，風景や雰囲気が園内と異なることから，子どもがワクワクする楽し
さをひき出しやすい。目的地での遊びや活動のみならず，目的地までの道のりで，季節
に応じた天候，木や花などの自然を感じることができたり，地域の人や動物に出会った
り，一緒に歩く友だちや保育者と関わったりする中で，歩くことばかりに集中していな
いため長時間，長距離を歩くことができる。保育所の散歩に出向いた乳児を対象にした
調査では，その子どもたちの夜の睡眠に関わるホルモン（メラトニン）に好影響があっ
たという報告もあり，運動量の確保にとどまらず，陽を浴びることも子どものからだに
有益といえる（p.18参照）。

（2）　ウォークラリー

　頻繁に園外に出向くことが難しい場合，園内で散歩の代わりになるような遊びを取り
入れる工夫をしなくてはならない。例えば，園内の各所に宝物を置き，それをたくさん
集めることができるかといった遊びや，同じように園内の各所にヒントを置き，そのヒ
ントに従って進んでいくといったウォークラリーを行うこともできる。また，教室や保
育室から遠い場所に置いた指令で借り物競争や，季節を感じる物探しなど，工夫には限
りがない。このように，園内を園舎・保育室（教室）・園庭といった区分に分けるだけ
でなく，様々な工夫で園内すべてが遊び場になる可能性があることを理解しておきたい。

（3）　縄跳び，ゴム跳び

　縄跳びは，発達に応じて段階を踏み，大縄跳び（長縄）⇨1人縄跳び（短縄）の流れが
習得しやすい。遊びの要素を交えつつ，習得できるようにするとよいだろう。一方，ゴ
ム跳びは最近では，あまりみられなくなった。ゴムを用いることで，足がひっかかって

●ゴムだん

●ゴム跳びほか

| ぐー | ふみ | ぱー |

ゴムだん

向かい合った2人の足首，膝，
お尻などの高さに設定したゴムを
飛び越す。

足幅や高さの違いに伴う，飛び
越し方の変化を楽しむ。

ゴム跳び

向かい合った2人，もしくは椅子の足などにゴムを通し，
幅と高さを変化させる。
　ぐー：ゴムの中に両足入る。
　ふみ：両足でそれぞれのゴムを踏む。
　ぱー：ゴムの外側に両足を置く。

そのほか片足がゴムの中，片足がゴムの外などの動きを
リズムに合わせて変化させる。
「ごんべさんの赤ちゃん」「むすんでひらいて」などの歌が
合わせやすい。

図3-9　ゴム跳びのいろいろ

も痛くなく，転びにくい。そのため，縄を跳ぶことへの恐怖心の軽減にも有効である。
　「ゴムだん」は，跳ぶことのできる高さを競ったり，「いろはにこんぺいとう（向かい
合ってゴムを持っている2人が様々な形をつくり，他の子どもがゴムの上や下，真ん中
を通り抜ける遊び）」は，つくられた形に合わせてからだを巧みに動かして通り抜けたり，
「ゴム跳び」は，リズミカルにゴムを跳んだり，またいだり，ひねったりしながらリズ
ム遊びをしたりと様々な遊びが展開できる（図3-9）。

2．瞬発的な運動遊びの確保〈高強度〉

　持久的な遊びと共に運動量の確保のために必要なのが瞬発的な遊びである。これは，
大きな力を短時間発揮するような遊びであり，相撲やかけっこなどがその一例である。
　現代の子どもたちは，人と組み合って遊んだり，腕の力を使ったりする遊びが少ない
ことから，それらを解決できる遊びの工夫をしてみよう。

（1）鬼ごっこ

　鬼ごっこは，追いかけっこから始まり，そのルールや方法は多種多様である。乳児期
でも可能なものから，幼児でも保育者の援助が必要なものまで存在するうえに，その状
況に応じてルールの変更を限りなく行うことができるのも鬼ごっこの特徴である。また，

どの年代でも十分な運動量を確保することができる遊びといえる(p.81参照)。

(2) じゃれつき遊び

決まった遊びの形式があるわけではないが，人と組み合ったり，じゃれついたりしながら，人のからだや力を使い，自分の力を発揮し，様々な動作を身につけられるのがじゃれつき遊びである。それだけでなく，じゃれついて遊ぶことでひき起こす興奮は，意欲などをつかさどる大脳前頭葉のはたらきを高めるとの報告もある(p.22も併せて参照)。

(3) 相撲遊び

じゃれつき遊びのように，自由にじゃれつく遊びにとりかかりにくい子どもや，遊び方がわからない保育者には，相撲遊びのように人と組む形をつくってから始める遊びにすることもできる。組み合った姿勢から行う組相撲，投げることはせず押すことのみで相手を枠外に押し出す，押し相撲のように，年齢や状況に応じた工夫ができることもこの遊びの特徴といえる(図3-10)。またお尻で相手を押す尻相撲，ケンケンで腕を組んだ状態で押し合うケンケン相撲，座って片足を抱えた姿勢でもう片方の足で相手を倒す足相撲といった形の相撲遊びもある。これらの遊びは，使う部位も力の発揮のしかたも様々で，相手の力の強さや方向に自分のからだを対応させていくため，いろいろな形式の相撲遊びを取り入れることで，多くの動きをひき出すことができる。

(4) リレー遊び

競争や勝敗に興味をもち，仲間やグループに対する意識をもち始める年中児の中〜後半になると，とても人気のある遊びがリレー遊びである。動きやコースを変化させることで，遊びの種類は無限に広がる(図3-10 リレー遊び)。

直線で折り返す直線型のコースでは，走る順番を待つ待機位置からスタートまでの動線，走り終えてから待機位置に戻る動線がわかりやすいというメリットがある。一方，待機位置が後ろの方であるときにはゲームの全体像が見にくいというデメリットもあり，並び方の工夫が求められる。単に走るという動作から，ジグザグに走る，物を持って走る，数人で一緒に走るなどの複合的な動作にも対応しやすいコースである。

楕円型のコースでは，走る順番を待つために待機位置にいる子どもからも，コースの周りにいる人からもコース全体を見やすいというメリットがある。また急激な方向転換がないため，動きが途切れることがない。

しかしながら，コーナーでは，からだの傾きが必要になるといった走る技術が求められる点や，後ろから来るバトンを受け取るといったバトンパスが少々困難であるため練習が必要となろう。加えて，待機位置からスタート位置まで，走り終えてから待機位置に戻るまでに他者とぶつからないような動き方を覚えてもらう必要もあり，そのような注意と練習をしつつ進めることが大切である。

●相撲遊び

組相撲
組み合った状態から「はっけよい」で始める。
からだの大きさを考慮するのであれば，投
げずに倒すか，押す動作で行うとよい。

尻相撲
一歩分空けて背中合わせに立ち，
「いっせーのせ」でお尻で押し合う。
その場から動いたら負け

ケンケン相撲
ケンケンになって相手と押し合う。
枠から出たり，両足をついたら負け

足相撲
片足を抱えて座り，もう片方の足で相
手を押す。倒れたら負け

●リレー遊び

　待機位置からスタート⇨走る⇨バトン渡しから待機位置への動線を計画する。子どもの動線がぶ
つからないようにするためには，どのような声かけや誘導が必要か，といったことがみえてくる。

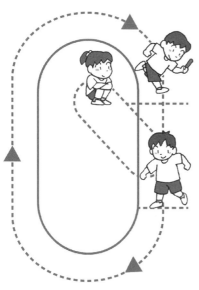

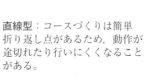

楕円型：コースづくりは，やや困
難。子どもも周りで見ている者も
全体が見やすい。

直線型：コースづくりは簡単
折り返し点があるため，動作が
途切れたり行いにくくなること
がある。

図3-10　相撲遊び，リレー遊び

SECTION 4　年齢に応じた動きの獲得を目指した運動遊び

ねらい：年齢に応じた動きの獲得を目指した運動遊びをすることは，運動欲求を高め，様々な経験を自らしようと試みるようになる。

　　　　ここでは，「年齢に応じた動き」に対する理解と運動遊びをするためのポイントから，様々な遊びを提案できるようにする。

1.　運動技能の発達

　運動技能の獲得過程は，図3-11のような概念図が示されている。0〜2歳で獲得される「移動運動の技能」が幼児期の「基本運動の技能」獲得のベースとなり，乳幼児期は，基本的な動きを幅広く獲得するために非常に大切な時期である。この基本的な運動の土台がしっかりと築かれてこそ，様々な動きに楽しんで取り組み，繰り返すこともでき，その繰り返しが「動きの多様化（動きの種類が増える）」と「動きの洗練化（上手になる）」の両方につながっていく。動きの多様化や洗練化は，その後のスポーツや日常生活における身体活動に大きな役割を担うことになる。つまり，乳幼児期からの動きの積み重ねが重要だということである。

　乳幼児期の子どもの心身の発達は，おおむね共通した過程をたどるが，一人ひとりに目を向けると発達の様子は必ずしも一様ではない。目標となる動きを認識しつつ，それぞれの発達の個人差や経験差に応じて配慮された遊びが必要である。

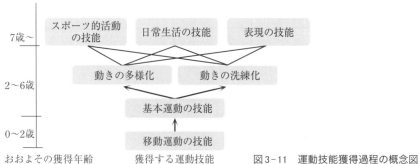

図3-11　運動技能獲得過程の概念図

近藤充夫『幼児のこころと運動』より改変

2.　運動技能の発達を助長する運動遊び

（1）　0〜1歳の頃

　乳児期には，視覚，聴覚，触覚などの感覚器官や「座る」，「這う」，「歩く」といった運動の機能が著しく発達する（図3-12，表3-1）。この時期の動作の獲得は，興味や関心のあるものに近づきたいという子どもの知的好奇心が動機づけになる。そして，信頼する人との応答的な関わりを通じて，情緒的な絆も形成される。また，「移動運動の技能」の発達が滞ると，様々な環境に関わる機会が減少する。そのため多様な刺激に触れる機会も減少し，結果として，知的側面の発達にも影響が出る可能性があることを覚えておきたい。

●感覚器官の発達

あやし遊び

目を見て1対1の関わりを意識する。
声をかけながら，様々な表情を見せ
たり，触ったりして感覚刺激をたく
さん与えられるように工夫する。

移動運動を促す遊び

保育者や興味のある玩具に向かって
移動することを促す。

●這う・座るなど運動機能の発達

音が鳴る玩具

握りやすいものや，明るい色を使った
視覚的に興味を示す玩具を用意し，振
ると音が鳴るように最初は一緒に音を
鳴らしてみる。

ゴムボール

積み木などを積む遊び

お座りの姿勢を維持することができる
ようになったら，握ることができる大
きさのものを用意し，それを積ませる。

図3-12　感覚器官・運動機能の発達

表3-1　0〜1歳頃の運動機能の発達

	獲得姿勢・運動	関わり遊び	用意したい玩具・遊具
3か月頃	首が安定する	「いないいないばあ」や「こちょこちょ」などの声をかけながらあやす	仰向けの姿勢で楽しめるつり玩具や感触のよいタオルなど
6か月頃	寝返りができる	寝返りをする先に興味をもつ玩具おいたり，腹ばいで向かい合って声をかける	ガラガラやマラカスなど，握ったり振って音がなったりする玩具や引き出して散らかすような作業ができる玩具
10か月頃	はいはい，つかまり立ち，伝い歩きができる	「おいでおいで」と声をかけてはいはいなどの移動運動を促したり，大きなタオルに寝転がせたり抱っこで軽く揺さぶったりする	積み重ねることができる積み木，しっかり握って離すことができる小さなゴムボール，歩行の支えになる手押し車

(2) 1〜3歳未満の頃

歩行が完成して，「走る」，「跳ぶ」などの基本的な運動技能や「つまむ」，「めくる」，「しっかり握る」など指先の機能も発達して，積極的にからだを動かし探索が盛んになり，語彙も急に増え，何でも自分でしようとする時期である（表3-2, 3）。

表3-2　1歳半〜2歳頃の運動機能の発達

	歩く・走るを用いた遊び	遊具遊び	模倣遊び
1歳後半〜2歳頃	1歳を過ぎると，歩行がほぼ完成するため，平らな地面だけでなく，芝生や砂場など様々な形状の地面にて歩行を促す ●穏やかな傾斜の上り下り ●保育者が「まてまて」と声かけをして行う追いかけっこ（図3-13）	歩行でのバランスをとる動きができるようになる ●15cmほどの高さから，保育者が脇を支えてジャンプの真似をして降ろす（少しずつ一人でのジャンプになる） ●幅の広い板や低い平均台を用いて，台の上に乗る，またぐ，台の下をくぐる，ずらし歩き→歩く（図3-13）	保育者を見て，動きを真似できるようになる ●音楽に合わせて，保育者と一緒にからだを動かす ●ダンゴ虫をイメージして，からだを丸めたり，ひっくり返って手足をバタバタするなどを一緒に行う

保育者が「まてまて」と声をかけながら，子どもたちをおいかける。捕まえてもすぐに離し，また追いかけることを繰り返す。

平均台の下をくぐる，台の上に乗る，座る，またぐという動きから，横を向いてカニ歩きをする。

おいかけっこ　　　　　平均台遊び

図3-13　歩行が完成して

表3-3　2〜3歳頃の運動技能の発達

	歩く・走るを用いた遊び	遊具遊び	模倣遊び
2〜3歳頃	走ったり跳んだりすることができるようになり，その動き自体を楽しむ ●保育者の「ストップ」の合図で立ち止まる「ストップアンドゴー」（図3-14） ●「追う」と「逃げる」との役割をもった追いかけっこ	腕の力が出てきて，上手に使うことができるようになる。ボールを投げたり，蹴ったりできるようになる ●鉄棒を使って，「豚の丸焼き」 ●様々な形状のボールを保育者が転がし，拾って集めたり，投げてバウンドを楽しむ	想像力が豊かになり，見立て遊びができるようになる ●カエルやくまなど，保育者が示した動物の動きを見て一緒に動く ●落ち葉を水に見立ててプールや雨とし，泳ぐ真似や傘をさす真似などをする（図3-14）

●**ストップアンドゴー**
保育者が「ストップ」と声をかけると，子どもがその動きのまま動作を止める。「ゴー」と声をかけると走り始める。「だるまさんがころんだ」に発展することができる。

●**落ち葉遊び**
落ち葉を集め，その中に埋まって感触を楽しみ，落ち葉をプールに見立てて泳ぐ真似をしたり，雨に見立て傘をさしたりする。

落ち葉遊び

ストップ！

ゴー

図3-14　保育者の合図で移動する

（3） 3～5歳の頃

「からだのバランスをとる動き」，「からだを移動する動き」，「用具などを操作する動き」といった基本的な動きが一通りできるようになる。また，仲間と遊び，仲間のなかの一人という自覚が生じ，集団的な遊びが発展する（表3-4）。

そして，4～5歳頃になると，「逃げながら捕る」，「走ってきて手をついて跳びのる」など，運動を組み合わせてコントロールする能力が育つ（図3-15）。

表3-4　3～5歳頃の運動技能の発達

	歩く・走るを用いた遊び	遊具遊び	模倣遊び
3～5歳頃	基本動作にスピードの緩急をつけて動くことができる また，集団と自分という関係が理解できるようになり，集団遊びや競争遊びを楽しむ ●友だちと走るスピードや方向をコントロールしながら行う。「手つなぎ鬼」 ●走ってきて箱を跳びこすなどを取り入れた障害物競争やリレー ●相手の動きと合わせる遊び	固定遊具や大型遊具を用いて，何度も繰り返し行うことにおもしろさを感じる。また，ボールを投げる，捕るに加え，状況を見ながらからだの向きを変えることができるようになる ●遊具を組み合わせてのぼる，くぐる，転がるなどを取り入れた障害物競争（図3-15） ●ゴムボールだけでなく，新聞紙ボールやスポンジボールなどを取り入れるドッジボール	動きの模倣にとどまらず，友だちとイメージを共有したり，感じたり考えたりしたことを表現し合う「表現遊び」ができるようになる ●様々な動きを引き出すための指令をこなしていく忍者遊び ●動物になりきって，音楽やリズムに合わせてからだを動かすリズム遊び

● ドッジボール

ドッジボール（チーム内の役割分担）

新聞紙ボール

友だちの動きをみて，自分の動きを調整したり，チーム内での役割分担や協力する力を養える。保育者は，ゲームのポイント（外野にパスをすることも作戦としては必要など）を伝えるといった工夫も試みたい。

スポンジボールや新聞紙を丸めてテープでとめた新聞ボールは，つかみやすいうえに，あたっても痛くなく，必要以上に転がらないという利点もある。

● 大型遊具の組み合わせ

平均台・巧技台を用いて

マットに高さを出す

丸めたマットの上にマットを重ねて高さを出したり，平均台や巧技台を利用して斜面をつくったりすると，多様な動作もひき出すことができる。忍者をイメージして，斜面で転がったり，走ってきて跳びのったり跳び降りたり，手をついて跳びのったりする表現遊びにも用いることができる。

図3-15　集団の遊び，用具の操作

SECTION 5　異年齢が一緒にできる運動遊び

ねらい：異年齢の連れ遊びや群れ遊びの経験は，人間関係を豊かにし，充実感をもたらす。異年齢の子どもが
　　　　集う園では，保育者が誘導するのではなく園児たちの遊ぶ能力を育てる支援を心掛けると，異年齢と
　　　　楽しく遊べるようになる。
　　　　ここでは，異年齢や，運動技能の育ちに違いのある子ども，家族とも遊べる伝承遊びについて述べる。

1.　伝えたい伝承遊び

　伝承遊びの意義は，「仲間とより深くつながることができる」，「親や祖父母・兄弟姉妹でも一緒に遊べる」，「一人でも複数でも遊べる」ことである。また，運動遊びの要素や，子どもにとって魅力的なルールや動きが含まれていることが特色である。

　近年，子どもから子どもへ伝わることが少ない伝承遊びは，保育者が伝承者になる必要があり，伝承遊びの知識を増やすことが求められている。加えて，園児自身が模倣したくなるような熱中する活動，異年齢と遊ぶことのできる雰囲気，楽しく充実感がある遊びになるための役割や決まり，年齢に応じた助け合いや協力などが生まれるような環境設定や支援も求められる。

　以上のように，保育者は自身も遊びの伝承者であることを踏まえつつ，異年齢が関わることのできる遊び時間や空間の工夫をし，自然発生的な遊びの伝承を促す必要がある。

　保育者養成校の学生を対象に行われた遊びに関する調査(2018)では，伝承遊びを体験したのは「幼児期」，「学童期」，よく遊んでいた場所は「公園」，「小学校や園の運動場」，遊びを教わった人は「保育者」，「小学校の先生」，「友だち」であった。さらに，子どもに伝えたい伝承遊びは，男子学生が活動性の高い遊び，女子学生が歌やリズムを伴った遊びであったが，その指導には自信をもてないという学生が多いことも報告されている。

　そこで，子どもと一緒にできる伝承遊びの例をあげ，運動遊びの基本的な動きや運動機能を考えてみたい。

（1）こ　ま

① 身につけられる動き

　こまを回すには，指でひねる，両手のひらで回す，投げる角度を調節するために手首を柔らかく使う，など特に手首より先の細かな動きを繊細に使うことになる。また，年齢や発達に応じたこまを作成することで，いずれの年齢にも対応できる。

② 保育者の関わりと注意点

　保育者は，子どもの頑張りや子どもが考えた工夫やおもしろい回り方・回し方などを取り上げ，意欲を持続させる。保育者が見本を見せたり，親や祖父母，地域の高齢者などに見本を見せてもらうといった交流もできる。また，子ども同士で教え合ったり，教えてもらったりすることで異年齢が共に遊ぶことができるように，年齢に応じたこまを用意する。

- 手首より先の細かな動き（こま）

絵や模様を描いた紙皿にペットボトルキャップをつける。

ペットボトルキャップやどんぐりに穴をあけつまようじをさす。

ひねりごま

2〜3mmの厚さの紙の真ん中に約1cmの間隔で2か所穴をあける。タコ糸を通して結ぶ。

それぞれ両手の中指にかけくるくる回してからひっ張ったり緩めたりを繰り返す。

びゅんびゅんごま

図3-16　簡単に回せるこまづくり

- 全身を使う動き

短　縄

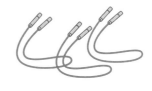

握りがついている縄

図3-17　縄跳び（全身を使う動き）

③　発達に応じた遊び方

　最も簡単に回すことができるのは，指を使ってひねる「ひねりごま」（どんぐりごま，プラスチックごまなど）（図3-16）である。軸の大きさや回転する部分の素材などに配慮すると1〜2歳児でも回すことができる。両手を上手に使うことができるようになると，手のひらで回す「もみごま」，さらに手先がうまく使えるようになると，こまにひもを巻く，床に水平に投げる動作を伴う「投げごま」を回すことができる。

　また，中心に2本のひもを通した「びゅんびゅんごま（ブゥーン・ブーン）」も手づくりして楽しめるこま遊びである。

（2）　縄

①　身につけられる動き

　縄には，短縄と長縄がある。短縄は，回しながら跳ぶため，全身をくまなく使うことができる。長縄は，動いている物に自分のからだを合わせることが求められ，さらに跳ぶといった全身運動を伴う。

②　保育者の関わりと注意点

　握りがついている縄は，地面に置いたり，回したりしたときに，ほかの子どもにぶつ

かるなど，安全性が保たれないことがあるため，用途によって使い分けるとよい（図3-17）。縄は，単に「跳ぶ」ための道具としてではなく，自由な発想のもとに遊びを展開していくことを考え，長さや太さなどに配慮する必要がある。また「結んでつなげる」，「輪にする」，「地面に置く」などの工夫によって，動きの幅を広げることができる。縄跳びは，子どもにとっても「できる」，「できない」がはっきりと認識しやすい遊びである。跳べるようになると自信を生みやすく，跳んだ数を数えたり，跳び続けた時間を測ったりすることにより，自己目標をつくりやすい。

③　発達に応じた遊び方

　3歳までは，長縄を横に揺らして「ヘビ跳び」，縦に揺らして「波跳び」といった縄を飛び越す遊びも楽しい。保育者は，子どもの様子を見ながら，振れ幅を調整するとよい。次に，縄を跳ぶことに慣れてくると，一定のリズムで跳ぶために，歌を歌いながら集団で遊ぶこともできる。例えば「おおなみこなみ」，「ゆうびんやさん」，「おじょうさんおはいんなさい」などでは，子どもの発達に合わせて振れ幅を変える，速さを変える，といった変化によって異年齢でも一緒に遊ぶことができる。4歳頃から短縄を回して跳ぶことができるようになる（図3-17）。なお，その場で跳ぶより，かけ足をしながら縄を回す動作を繰り返すことで，跳ぶことと回すことのタイミングをつかみやすい。

(3)　鬼遊び（鬼ごっこ）

①　身につけられる動き

　伝承遊びのなかで最も多種ある遊びであり，逃げる・追うの追いかけ鬼型，隠れる・探すの隠れ鬼型，陣とりなどの場所とり鬼型，伝承的な歌や問答をしながら行うかけ合い鬼型などがある。また，運動量が多い遊びが多く，持久力や瞬発力が養われることが期待でき，一定のスピードで一方向に「走る」のではなく，相手の動きに合わせて「止まる」「加速（減速）する」，「方向転換する」，「曲線に走る」など，動きや速さを変化させる必要があるため敏捷性や判断力も養われる。

②　保育者の関わりと注意点

　追う者（鬼）と逃げる者の関係がはっきりしているため，役割を認識しやすく，子どもの特性や発達，人数に応じた工夫によって，どの年齢でも楽しむことができる。一方で，いつも鬼になる，鬼になってなかなか捕まえることができないといった子どもに対しては，保育者が鬼と一緒に追いかける，逃げる範囲を狭くするなどの状況をつくったり，鬼になることの楽しさや，集団の合意や相談によってルールや遊び方を変更できることを伝えたりすることも必要である。

　追われることは本能的に怖いと感じる子どもには，保育者が積極的に遊びに参加し，ともに行動するとよい。また低年齢児では，周囲の環境や遊んでいる子どもの人数，子ども同士の距離感や動線への配慮が求められる。高年齢児では固定遊具を鬼遊びのフィールドとして取り入れることもあるため，他の遊びをしている子どもたちとの接触，衝突には注意が必要である。安全の確保やルール，遊び方について子どもたちと一緒に

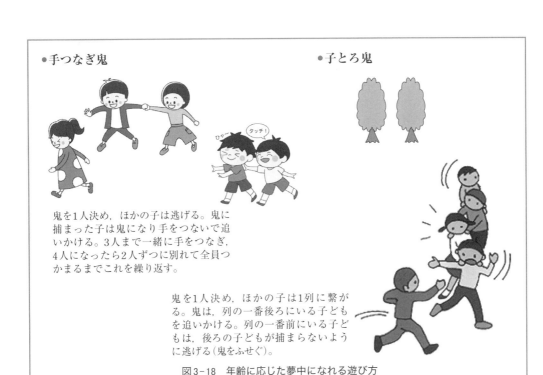

●手つなぎ鬼

鬼を1人決め，ほかの子は逃げる。鬼に
捕まった子は鬼になり手をつないで追
いかける。3人まで一緒に手をつなぎ，
4人になったら2人ずつに別れて全員つ
かまるまでこれを繰り返す。

●子とろ鬼

鬼を1人決め，ほかの子は1列に繋が
る。鬼は，列の一番後ろにいる子ども
を追いかける。列の一番前にいる子ど
もは，後ろの子どもが捕まらないよう
に逃げる（鬼をふせぐ）。

図3-18　年齢に応じた夢中になれる遊び方

考え，工夫する機会を設け，保育者は，時に参加し，時には見守りながら，適度な助言
が求められる。

2. 2〜4歳以降の鬼遊び

　2歳では走る動作が上手になってくるため，ボールやフープを追いかけたり，保育者
に追いかけられたり捕まえられたりすることを楽しむことができる。保育者が強そうな
イメージの鬼のお面をつけて追いかけたり，劇のように仕立てたりして遊びを展開する
と一層楽しくなる。3歳では基本的な運動能力を獲得し，2〜3人で遊ぶことも多く
なっているため，明確なルールはない「追いかけっこ」を楽しむことができる。

　4歳以降では集団で遊ぶことが多くなり，「色鬼」，「氷鬼」，「高鬼」，「手つなぎ鬼」，
「子とろ鬼」など，複数のルールのある遊びを楽しむようになる（図3-18）。集団で遊ぶ
場合，仲間を呼び集めるための遊びや，鬼を決めたりするための遊びも工夫することが
できる。

　伝承遊びの種類は多いため，子どもたちが遊びに飽きてきたら他の遊びに展開するなど，工夫
次第で多様に変化できることを知り，多くの遊びを楽しみ，経験できるような促しも必要である。
子どもの発達，年齢，参加人数などを考慮して遊びやルールを選択し，どの年齢の子どもも夢中
になれるような遊びになることが望ましい。

SECTION 6　自作教材を使った運動遊び

ねらい：日常の保育中，遊んでいるうちに多様な動きが獲得できることが理想である。しかし，運動遊びを保育に取り入れるうえでの課題を保育者自身にたずねると，「得手不得手」や「保育教材の有無」に左右されるという声が聞かれる。いつでも，どこでも，誰でもできる自作の保育教材を開発することで，運動遊びに取り組みやすくなると考えられる。
　　　　ここでは子どもが夢中になって遊べる教材について述べる。

1.　自作教材を用いた運動遊びの展開（図3-19, 20）

（1）　カッチンくん

①　身につけられる動き

バランスをとる動き・移動する動き

②　材　料

カスタネット，（100円均一ショップで購入），直径9cm程度の塩化ビニール管，木片，ビス，ナット，ワッシャー，滑り止めパッド（いずれもホームセンターで購入）

③　製作方法

滑り止めパッドを張りつけた木片の上に，カスタネットをビス止めし，結束バンドで塩化ビニール管に取りつける。

（2）　ペッタンくん

①　身につけられる動き

バランスをとる動き，移動する動き

②　材　料

スプレー，ベニヤ板，（ホームセンターで購入），足形の型枠

③　製作方法

ベニヤ板に足形を複数枚プリントする。

（3）　玉入れネット

①　身につけられる動き

操作する動き

②　材　料

多目的ネット，テーブルクロス，PEテープ，ハトメ，ビニールテープ，結束バンド，（いずれもホームセンターで購入），洗濯ばさみ，（100円均一ショップで購入），新聞紙ボール，フープ，ミニサッカーゴール（可動式のハンガーラックでも代用可）

③　製作方法

• 多目的ネットに大きさの違うフープを結束バンドで止め，その中のネットを切り取る。

● カッチンくん

カッチンくん1

カッチンくん2

〈活用方法①〉
カッチンくんの設置されたコーンの間をカッチンくんを叩きながらジグザグに進んでいく。

コーンの大きさに変化をつけたり，左右の手を使うなど条件を設定することで難易度調節も可能となる。

〈活用方法②〉
カッチンくんを園庭の築山の頂上，中腹，麓などに設置し，スタート地点でカラーボールくじを引き，その色のコーンのところまで登り，カッチンくんを叩いて帰ってくる。設置されたコーンには，無い色のカラーボールを入れておき，そのボールが出たらすべてのカッチンくんを叩いて帰ってくるというルールを加えることで，意欲がさらに高まると同時に，活動量の増加も期待できる。

● ペッタンくん

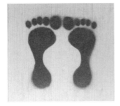

ペッタンくん1号

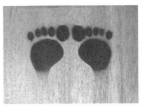

ペッタンくん2号

ペッタンくん組み合わせ

足形を一定の法則で並べ，その足形に合わせて向きを変えながら次々に跳んでいく。その後，子どもたちの実態に合わせ，並べ方をランダムにしたり，子どもたち自身に並べ方を任せたりすることで跳ぶことがより楽しめる。また，ペッタンくん2号は，つま先部分のみがプリントされているため，難易度が高まると同時に，縄跳びの動きの習得にもつながる。

● 玉入れネット

玉入れネット

年齢や実態に合わせて投げる位置を決め，その位置から的に向かって自由にボールを投げ入れる。チーム数に合わせて新聞紙ボールも色分けすることで，ボールの入った数で競い合うこともできる。一番小さい的に入れば，ボール2個分の得点になる等のルールを加えたり，フープの中に子どもたちの興味関心が高まるイラスト等をぶら下げたりすることで，さらに意欲が高まる。

園庭にサーキットコースを設け，その一つのコーナーとして玉入れネットを設置することで，一つのコーナーに子どもたちが集中することが避けられる。

図3-19　自作教材の活用①

- 白のテーブルクロスに水性顔料マーカーで絵をかき，上部にハトメをつけて洗濯ばさみ付きのPEテープを結びつける。
- ボールとして新聞紙を丸め，ビニールテープを巻いた新聞紙ボールを用意する。
- ミニサッカーゴールに洗濯ばさみでネットを取りつける。

（4） リンリンロープ

① 身につけられる動き

バランスをとる動き・移動する動き

② 材料

3m程度の綿ロープ，直径1.5cm程度の鈴，糸 (いずれも100円均一ショップで購入)

③ 製作方法

綿ロープに一定の間隔で輪をつく，その輪に鈴を糸で結びつけていく。

（5） シャワートンネル

① 身につけられる動き

バランスをとる動き・移動する動き

② 材料

園芸用アーチおよび支柱，PEロープ，ホースとのジョイントアタッチメント (いずれも100円均一ショップで購入)，園芸用穴あき散水ホース (ホームセンターで購入)

③ 製作方法

- 園芸用支柱に一定間隔でアーチを結びつけ，天井部分の支柱に巻き付けるように穴あき散水ホースを結びつける。
- 設置の際は，芝生の場合は杭などを地面に打ち込み固定する。打ち込みができない場所の場合は，水を入れた2Lのペットボトルをおもり代わりに使用して固定する。

Column はいはいが体幹を育てる

　寝返りができるようなった赤ちゃんは，やがてお座りができるようになり，はいはいへとつながっていく。このはいはいの期間の長短が，その後の体幹やバランス感覚などの育ちにに影響する。

　はいはいの動きは，腕と脚で自分の体重を支え，足の指も使って前進する。また，前を見るためには，首の筋肉を使って重い頭を持ち上げなければならない。つまり，はいはいは赤ちゃんにとっては，かなり負荷のかかる動きであり，全身運動であるといえる。このはいはいの動きをしっかりと経験しておくことが，将来的に自分の姿勢を維持したり，転びそうになったときにバランスを立て直したりして，危険を回避する力となる。

　しかし近年，住宅事情の変化も影響し，生活空間が狭くなったことがつかまり立ちしやすい環境をつくり，はいはいの時期を十分経験しないまま歩き始める傾向が強くなっている。その結果として，転んだときに手が出ず，顔から地面に接地してしまったり，背筋を伸ばした姿勢を維持できず背もたれによりかかってしまったりする子どもの増加につながっている。　今後，保育の現場でも赤ちゃんがはいはいできる環境を整え，自分の力で自分のからだを支える力を養っていく機会をつくっていくことが必要とされる。

● リンリンロープ

リンリンロープ①

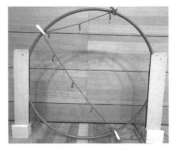
リンリンロープ②

コーンとコーンの間にリンリンロープを張り，鈴を鳴らさないように気をつけながら，下をくぐったり，とび越えたりする。玉入れネット同様，サーキットの一つのコーナーとして設置するのも可。幼児期の子どもたちの多くは，「早い＝よい」という意識が強く，一つひとつの動きがいい加減になりがちのため，「ゆっくり正確に」が求められるこのようなコーナーを盛り込むことで，サーキットコースに変化を与えることも可能となる。

フープにリンリンロープを張り，その鈴を鳴らさないように隙間をくぐり抜ける。張り方を工夫することで，何通りもの楽しみ方ができる。①と同様に，「ゆっくり正確に」を意識しつつ，さらにからだのバランスも保つ力が必要とされるため，子どもたちにとっては鈴を鳴らさないようにくぐるというスリルと，ロープの張り方次第で難易度が変わるコースに意欲が高まる。

● シャワートンネル

シャワートンネル活用方法

夏の水遊びの一つのコーナーとして設置し，子どもたちがトンネルの中をはいはいで進んだり，ワニ歩きで進む，さらにはラッコのように上向きになって進むなど，様々な方法でトンネルを通ることで，バランスをとる動きや移動する動きを身につけることにつながる。

図3-20　自作教材の活用②

♣♣♣ ＜安全性の確保＞

　保育・教育の現場は，教材購入費が潤沢とはいいがたい。そのため創意工夫が常に求められ，これまで様々な教材が自作され，実践に生かされている。その中で，留意しなければならないのは安全性の問題である。

　今回紹介した自作教材の材料は，ほとんどが本来の使用方法ではなく応用的に活用されている。そのため，子どもたちがこれらの教材を使って運動遊びをするうえで，安全性を確保することが最優先されなければならない。一つひとつの素材の強度であったり，教材の設置方法など子どもたちの動きを想像しながら製作したり，活用方法を検討していくことに留意したい。

SECTION 7　領域「健康」における運動会の工夫

ねらい：運動会は，日々の遊びの延長線上にあり，子どもの生活に潤いをもたせるものである。子どもたちが
遊びのなかで生きいきと喜んで繰り返す活動を披露するために，保育者は子どもの運動遊びに対する
理解，個々の子どもに対する理解と援助，保護者や地域の理解を促すことが必要である。また，地域
の文化や保護者の力を取り入れたい。
　　　ここでは，意義ある運動会にするためのポイントを理解し，幼稚園や保育所に求められる役割を確
認する。

1.　子どもの成長・発達と運動会

　乳幼児期は，すでに述べてきたように動きの基本形を身につける時期である。

　特に移動運動を身につける時期であり，「はいはい」「つかまり歩き」から，一人で「歩
く」ことができるようになる。運動会では，個々の発育発達に合わせて，親子での移動
運動や，発達刺激を促すようなプログラムを楽しむ工夫をする必要がある。

　幼児期は，基本運動の技能を身につける時期である。日常の遊びのなかでこれらを身
につけ，その成果を発表するのが運動会である。年齢や発育発達に応じた運動能力の一
歩先に刺激を与えていくようなプログラムであることが望ましい。また，幼児の自発的
運動遊びの延長にある「バランスをとる動き」，「移動する動き」，「操作する動き」を育て
る運動遊びの要素を取り入れるとよい。さらに年長児では，徐々に友だちとの集団的な
遊びが多くみられるようになってくるため，友だちと協力し合って協同性の発達を促す
ような種目を取り入れたい。また，年少児ではできた喜びを，年長児では勝った喜びを，
子どものみならず保護者や保育者と共有できるような報告（アナウンス）も重要である。

2.　幼児期における運動会の考え方

（1）　運動会と日常保育との関連

①　運動会の準備

　運動会は保育の一環であることを考慮すると，園それぞれにある保育のねらいに基づ
き，それらをより深めるための取り組みであるべきである。したがって，何週間も前か
ら運動会の準備にかかり，日常の運動遊びが置き去りにされてしまうようなことがあっ
てはならず，日常の保育の延長に運動会があると考えて計画されなければならない。運
動会だけの特別な活動では，ルールの説明や練習の繰り返しが多くなり，結果的に子ど
もは退屈になったり，やる気がなくなったりする。保育者の叱り声が多くなると，子ど
もは保育者が怖くなり，運動や運動会が嫌になってしまうだけでなく，保育者自身も後
悔し，疲れや焦りが生じる。このような状況は，保育にとって望ましい姿ではない。子
どもたちは日頃自分たちが喜んで取り組んでいる活動や巧みにできるようになった動き
を見せたいと思っていることを鑑み，日常の遊びを活かした運動会を構成するとよい。

② 運動会の種目設定

　子どもがそれぞれの年齢に応じて遊んでいるもののうち，運動会という場面に適したものを運動会の種目として選び，見やすくなるような工夫をする。このように種目を設定することで，子どもが楽しんで取り組み，保護者と共に子どもの発達を喜び合える運動会にすることができる。また，保護者に対しても，他児や他クラスとの競争に偏りがちな概念を払拭してもらえるよう，その種目を設定した理由や子どものどのような場面や動きを見てもらいたいかといった種目設定のねらいを事前の手紙や，その場のアナウンスといった方法で理解を促したい。

(2) 運動会で使用する用具

　用具は運動会のためにつくるのではなく，普段の保育にも用いることができるものが望ましい。運動会のときにしか使わない用具を倉庫の奥にしまい込んで，毎日の保育中に活用しないものが多いと，出し入れにも修理や新調にも大変な労力を要する。運動会の用具については，以下のように考えるとよいだろう。

- 運動会だけに使う用具，運動会が終わったら処分してしまうような用具，競技用の用具はできるだけ少なくし，カラフルで子どもの意欲をかきたたせるものがよい。
- 日常の保育のなかにとり入れることができ，かたづけやすく場所をとらないものが望ましく，早めに用意することで子どもになじみやすくなる。
- 装飾などは，子どもの製作活動の一環とすることもでき，終了後には製作物として持ち帰れるような工夫をする。

3. 運動会のプログラムのつくり方

(1) 3歳未満児

　3歳未満児では，はいはいや歩く遊びを導出するための種目を用意する。トンネルや平均台などを活用することではいはいの動作へと誘導したり，マットやタイヤなどで不安定な状態をつくり出し，そこを歩いたり走ったりする。保育のなかで子どもが関心を示している身の周りの用具や遊具を障害物として用いる，発達に応じて歩走の方法を決定する。また周りの観覧環境を考慮してコース設定などを検討し，プログラムを作成することを心がける。

(2) 3歳以上児

　3歳以上児では，運動能力の個人差が著しくなるため，どのような経験をしてきたか，どのくらい達成しているかを把握し，個人に応じた援助や指導も大切である。一人ひとりに合った方法で個性を伸ばしながら，同年齢の一つのクラスだけではなく，カプセル運びリレーなどのように，ほかのクラスや異年齢のクラスをも含めた集団の力によって互いに刺激し合いながら学んでいくことが重要である。仲間と競い合うことは，運動の

●3歳児未満

はいはいの動作

トンネルの活用

マット・タイヤを用いた歩走具

●3歳児以上

ボール運び

カラーコーンの間にボールを挟み，2人で
協力して運ぶ。リレー形式で行いやすい。

跳ぶ・くぐる動きを使ったリレー

跳ぶ・くぐる動きを使ったリレー学年が
異なっても，動きを変化させることで同
コースで行うことができる。

図3-21　運動会のプログラム例

喜びや楽しみを大きくしたり，運動能力を向上させたりすることに役立つ一面はあるも
のの，それ自体が目的ではない。運動会のプログラムをつくるときには，子どもたちの
日頃の運動遊びの中から種目に取り上げていくことが基本である。「見せる」という観
客主体の考え方になると，どうしても見栄えを気にしてしまうが，子どもの発達に合っ
た楽しい種目を第一に考える。

3歳児…鬼ごっこ・動物まねっこなど，日常の保育の流れを種目に生かす。

4歳児…ヒーローの世界で遊ぶことが好きなので，空想の世界で遊ぶ要素を取り入れる。

5歳児…見られることを意識するので，勝ち負けが出たり，変化の伴う遊戯を取り入れ，
表現を楽しめるものを取り入れる。

　このように，日常の保育で行っている運動遊びを運動会に適した方法に変化させ，子
どもが楽しく取り組み，保護者が子どもの発達を感じることができるプログラムを作成
するとよい(図3-21)。

(3)　準備体操・整理体操としての親子体操

　　運動会の演技種目や準備体操・整理体操は，日々の保育の中でリズムを楽しんだり，

● 保護者の参加で楽しく

一緒にぴょん

おんぶ～抱っこ

足に乗って～足ぶらーん

一緒に進んで

手足ピンとぶーん

手をつないでぴょん

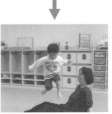
トンネルくぐって

足を触ろう

手をつないでクルクル

膝をジャンプ

お尻タッチされないように

手にタッチ　　肩　車

図3-22　親子体操の動きの例

大きな声で歌いながら動きにアクセントをつけたりして行っているものを使うとよい。
　また幼児期の運動会は，家族そろって楽しいひとときを過ごす場であることからも，親子体操などで保護者の参加を促すことも楽しさを助長する（図3-22）。

4章 | 運動を促す環境設定

SECTION 1　屋内環境の活かし方と配慮

ねらい：日常生活や室内遊びの中でも子どもたちは様々な運動機能を使って過ごしている。
　　　　ここでは，子どもが自分のからだの使い方を調整し，安全で伸び伸びと過ごすことができるように，
発達段階に合わせた屋内環境の設定を確認する。

1. 乳児（0歳児）クラスの保育室

（1）基本的生活習慣をリズムよく行える環境

　　清潔で安全な環境であることはもちろん，子どもが安心して過ごせるよう雰囲気や，欲求を表出しやすい環境を整えることが大切である。子どもは同じ経験を繰り返すことで生活習慣のスクリプト*を形成していく。したがって，基本的生活習慣に関わる行為は，子どもと愛着関係をもっている保育者がマンツーマン，同じ場所・ルーティーンで行うこと，子ども・保育者共スムーズな生活動線になることを考え，環境を設定するようにする（表4-1）。

＊スクリプト：一連の行動について決まった言語的な指示を伴って行われる習慣的な行動。生活習慣は決まったあいさつによって行われるものが多く，スクリプトを形成しやすい。

表4-1　基本的生活習慣を育む環境

基本的生活習慣	環境の整え方・留意事項
睡　眠	・子どもが安心して入眠できるようにゆったりした関わりを心がける ・入眠しやすいように室内の明るさを調節したり，室温に合わせた寝具類を整える ・睡眠中はブレスチェックを行い，乳幼児突然死症候群（SIDS）の発生を防ぐ ・目覚めたときには応答的な関わりを心がけ，部屋の明るさを調節したり，手足を動かしたりすることで，からだを動かす心地よさに移行できるようにする
食　事	・授乳から離乳食へと食事の形態が変わっていくので，なるべく同じ保育者が食事の介助を行い，食事に集中できる環境を整えることで食への意欲が増すようにする ・授乳する抱き方や食事の椅子の高さなど，個々の子どもに合わせて食事のしやすい姿勢がとれるようにする。 ・家庭との連携をとり，家庭での授乳環境に合わせたり，アレルギー対応児などを別テーブルにするなどの配慮をする
排　泄	・おむつ交換台を温かく整え，同じ保育者が笑顔や受容的な声掛けをしながら行うことで，心地よさや安心感を支える ・おむつ交換に必要な衛生用品等を傍に準備し子どもから目を離すことのないようにする ・衛生用品は子どもが触れることがないように置き場所に配慮する
清　潔	・特に乳児には感染症の対応策が必要となるため，保育室への出入りや他年齢児との交流は控える ・乳児と関わるときは手洗いやアルコール消毒を行い，玩具の消毒，乳児の衣類や寝具の清潔を保つ ・遊びの後や食事前の手洗い，食事時の拭き取り，歯磨きの習慣を子どもと共に習慣づけていくようにする
衣服の着脱	・室内の温度，湿度，子どもの様子に合わせて衣類の調節を行う ・からだを動かしやすい衣類を心がけるように家庭と連携を図る ・着脱後の心地よさを言語化し，子ども自身がその感覚を身につけられるようにする

（2） 乳児の運動機能を伸ばす環境

　生後3～5か月頃になると，手足の動きが盛んになり，偶然触ったものや興味のあるものに手を伸ばしてつかもうとしたり，視野も一点の固視からゆっくり動くものを追視したりできるようになる。そうした探索行動の欲求が満たされる環境づくりを心がけたい。

〔はいはいの頃〕
ふとんの山登り

　生後4～5か月頃になると寝返りをしようとするため，背中や腰に手を添えて介助したり，寝返りをする方向に興味のある玩具を置いたりするとよい。腹ばいができるようになったら床に清潔な敷きマットを用意し，保育者や赤ちゃん同士の顔が見えたり，

〔つかまり立ちの頃〕
シール貼り

図4-1　発達を促すために

目標となる玩具を置いたりすることで移動運動や感覚器官の発達を促すことができる。

　生後6か月以降は，お座りが安定し，ずりばい，はいはい，つかまり立ち，伝い歩きなどできることが増えていく。はいはいは手足・腰を使う全身運動であるため，広いスペース，マットの山，トンネルなどを用意し，十分に経験できるようにしたい。また，シール貼りなどを通して，指先の器用さや集中力を養えるようにする（図4-1）。

　生後9か月以降，保育者との間で物を受け渡すやりとり遊びができるようにするため，ボールを転がすなどの遊びも取り入れるとよい。

　子どもは自分が触ったものへの変化によって，自分が関わることに意味があるという有能感を味わう。そして，繰り返し「できた」と思う経験によって自己肯定感が育まれる。

（3）　保育者の動線を考えた環境

　乳児の保育室は月齢差のある子どもたちが生活する場所となる。まだ寝ている時間の長い乳児からおすわり，はいはいといった運動機能の育ちに差のある乳児までの生活する場，遊び場の設定には工夫が必要となる。個人差のある乳児に対して保育者が関わる

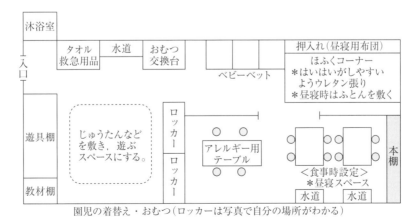
図4-2　乳児の保育室環境

動線を考えた環境設定は，保育の質を格段に上げることにつながる。

　例えば，図4-2のようにおむつ交換台の下には必要なもの，廃棄場所などを集約し，手洗いまでの動線を考えておくと清潔も保てる。また，おすわりやはいはいなどの育ちの状態に合わせて遊ぶ場を設定することで，十分に満足できる安全な環境をつくることができる。

2. 低年齢児（1〜2歳児）クラスの保育室

（1）　好奇心・探求心を育てる環境

　探索行動範囲が広がり，片言の言葉も出てくるようになると，自分が発見したこと・できたことを保育者に伝えにくるようになる。そうした子どもの「みて，みて」が増えるような環境を用意し，それを受け止めることで，保育者との愛着関係を深める。愛着とは「子どもが特定の他者に対してもつ情愛的な絆」とされ，生後6か月頃から幼児期にかけて形成される。愛着関係をもった身近な大人（母親，養育者，保育者等）を安全基地とすることで，より探索行動を行うことができるようになる。保育者は子どもと良好な愛着関係を築く人的環境となることが重要である。

　保育室に慣れるまでの時期は，物の配置などは固定し“いつもと同じ”という安心感をもって生活できるような環境が必要だが，慣れてきた時期に少しずつ環境に変化をつけるようにする。例えば，おもちゃの一部を入れ替え，子どもが挑戦できるものにする，季節の絵本や花を飾る壁面装飾を替える，遊びのスペースを移動する，などである。

　子どもが環境の変化に気づいたり，新しい環境に関わってできたりしたことを保育者に伝えに来たときには，子どもが気づいたもの・できたことを一緒に見て感じて共に喜ぶといった応答的な関わりを大切にしたい。

（2）　低年齢児の運動機能を伸ばす遊び

　一人歩きが安定し行動範囲が広がったり，手指の操作が発達したりすることによって探索行動が活発になり，「自分でやりたい」という意欲が高まる時期である。運動機能が著しく発達する幼児期に育ちに合わせた適切な，運動遊びを取り入れることで，子どもたちの健やかな成長をサポートすることができる。

　したがって，この時期には，室内でできる様々な動き（登る，くぐる，降りる，引っ張る，押す，つまむなど）を楽しむ遊びや環境を保育室に取り入れるようにする。

　特にしゃがむ，背伸びをするなどの上下運動もできるように目線を引くものを上下の空間に用意するとよい。

　図4-3の低年齢児クラスの保育室のように，生活と遊びとを分けるパーテーションを運動遊びに使うことで，日常生活でも自然に身体の使い方を身につけられる。また，スペースが許せば，乳児用の滑り台やトンネルを用意したり，ベビーベッドの下を利用したりするなどの工夫によって遊びの場が広がる。

● 低年齢児（1〜2歳児）クラスの保育室

ダンボールでつくったパーテーション
必要に応じてマットやふとんを用意
し，安全に配慮する

乳児用滑り台
登る／降りる／滑る／くぐる

ベビーベッド
ベビーベッドの下も
遊び場となる

● 幼児（3〜5歳児）クラスの保育室

5歳児：積み上げる，バランスをとる，
支え合うなどの運動要素

積み木

図4-3　低年齢児・幼児クラスの保育室

3. 幼児（3〜5歳児）クラスの保育室

（1）　自分の居場所づくり

　幼児期は自分のことを主張しながら他者との関係にも気づいていく時期となる。情緒の安定を図りながら自己発揮するためには，子どもが「ここにいていいんだ」と思えるような居場所があることが大切である。生活の場所に自分の名前がある，好きな遊びにじっくり取り組むことのできる場所がある，保育者や友だちとの関わりのなかで自己実現できる遊びがあるといった環境をつくる必要がある。特に，「みて，みて」と自分がやってみたこと，できたことを保育者に見せにくるのは，自分を認めてもらいたいという承認動機であり，意欲的に遊びや活動に取り組んでいる姿である。室内遊びにおいて，そうした自己充実の居場所をつくることが大切である。

（2）　子どもの遊びに合わせた運動機能を高める環境づくり

　幼児の保育室は，基本的にフラットであるため，環境を工夫することでそれぞれの遊びに動きを取り入れることができる。例えば，ヒーローごっこでは，上から吊るしたボールなどを敵に見立て，ジャンプして叩くなどの遊びに展開することができる。この遊びはジャンプ力だけでなく，的までの距離感や手をあげるタイミング，着地時の態勢，

安全を確認する視野や集中力など様々な運動的要素を含んでいる。ごっこ遊びのお家づくりでも3歳児では軽いウレタン積み木，4歳児は箱積み木，5歳児は大型積み木や巧技台を用意することで，運んだり，組み立てたりする運動機能を段階的に高めることができる（図4-3　幼児クラスの保育室）。運動遊びの概念を保育者がどのように捉え，環境を整えていくかが子どもの運動機能の伸長を支えている。

4. 廊下，テラス，遊戯室

（1）年齢に合わせた環境設定

　子どもの遊びは園内の至る所で展開される。その日，その時に子どもが創り出す遊びと保育者の意図のもとに行われる遊びに対し，環境の特性を利用して遊びに活かすよう心がけたい（図4-4）。

　1〜2歳児では，段差のある所を好んで歩くといった姿もみられるため，廊下やテラスに用意した一本橋で手をつないで歩くといった遊びもできる。2〜3歳児のように歩行が安定し，見立て遊びやごっこ遊びを楽しむ時期では，縄跳びやダンボールを使った電車ごっこも楽しむようになる。

　友だち関係が安定し，異年齢との交流も楽しめるようになる4〜5歳児では，廊下やテラスは遊びを発信し刺激し合える場所にもなる。

　テラスは，戸外の心地よさも味わうことができ，室内遊びを移すことで戸外への興味をもたせる効果もある。室内では，取り組みにくい水を使った遊びや，音を使ったダンス・リズム遊びもテラスでは十分に楽しむことができる。また，テラスに遊具をつくるコーナーを移すことで，つくったものを手に園庭に飛び出していけるなどの利点もある。

　遊戯室は室内でありながら身体を動かすのに十分なスペースがとれるため，様々な運動遊びに活用できる。保育者の声が届きやすいためルール説明を行うことができ，戸外遊びの前段階としての活用も可能である。

　一方で，様々な遊びが混在し遊具や玩具も多く持ち込まれるため，事前にクラス間の指導計画の共有や安全面での確認・配慮が必要である。

　各年齢の発達段階に合わせて生活の基盤を整え，自分の居場所をつくり，挑戦や試行錯誤をしながら心地よくからだを動かすことのできる室内環境を整えることが大切である。

（2）コーナー遊び

　子どもが環境に関わって遊びをつくり出す自由遊びのなかでも，ままごとや製作，粘土やブロックなどジャンルごとに遊びの環境を設定するコーナー遊びは，子どもが「これをやりたい」とイメージをもちやすく意欲的に関われる環境である。

　保育者が今の時期に子どもに経験してほしいという活動をコーナー遊びで用意することで，一斉活動より丁寧に個々の子どもに援助できる。例えば，手指の機能や思考力を育てる折り紙や紐遊びは集中して落ち着く場所を選ぶとよい。また，感覚を刺激する季

●廊下，テラス，遊戯室

戸外の自然素材を持ち込むことの
できるテラス

4歳児：テラスでのおしくらまん
じゅう

5歳児：音楽をかけたり異年齢交
流も可能なテラス

段差の浅い階段は衛生
面を整えることで，乳
児にも上り下りの経験
の場になる。

様々な運動遊びを展開できる遊戯室
上の学年の遊びの模倣や異年齢交流もで
きる。

2,3歳児：安全な場所を確保しながら
アスレチックにも挑戦

図4-4　環境の特性を利用して遊びを活かす

節ならではの遊び（色水，水風船，ボディペイントなど）は濡れてもよいテラスなどを
選び，からだを使って遊ぶ楽しさを味わえるようにしたい。

　子どもは狭い空間で自分の世界を楽しんだり，自分に向き合ってくれる友だちや保育
者との空間を好んだりする。コーナー遊びの環境を適切に取り入れて，遊びを選べる主
体性と没頭する満足感を大切にした経験を積み重ねられるようにしたい。

（3）　異年齢との交流

　廊下，テラス，遊戯室は同学年，異年齢間の情報共有の場所でもある。あるクラスで
始まった遊びを廊下から見かけることで広がったり，互いに遊びに誘い合って交流した
りする。そうした子ども同士の情報共有によって広がる遊びは，小さい学年の子どもた
ちにとって真似をしたり憧れを抱いたりでき，「僕たちもやってみたい」とさらなる意
欲を生み。行動力を向上させる。

　こうした交流は各学年の保育室を行き来することになるため運動量も増す。また，自分が今でき
ることよりも，少し難しい挑戦をすることが運動機能の向上につながると考えられる。例えば，遊
戯室で5歳児が巧技台や箱積み木の基地やアスレチックをつくっていたとしよう。3，4歳児では
つくれないダイナミックなものも，一緒に遊ぶ中で登ったり，渡ったりする経験につながっている。

SECTION 2　屋外環境の活かし方と配慮

ねらい：現代は子どもが安全に遊べる場所が減少し，保護者の意識も室内遊びや習い事に向く傾向がある。幼稚園や保育所の園内の屋外環境は，安全が保障されている数少ない環境の一つである。
　　　　ここでは，各園における屋外環境や遊具を最大限に生かせるように環境構成や遊具の配置を考えながら，子どもの興味・関心に沿った屋外環境の設定を確認する。

1.　園　庭

（1）　園庭における年齢に即した環境構成

　　園庭の長所は，なんといっても戸外の爽快感である。心身の開放をし，思いっきりからだを動かす喜びを味わえるように環境を整える。また異年齢交流が自然と交わされる場所でもある。年齢によって園庭で展開される運動遊びの質が違うことを考慮し，場の取り方に留意したい。自分の遊びを十分に楽しみたい3歳児，何かに挑戦することが楽しい4歳児，友だちと協働しながら目標をもって挑戦する5歳児では，同じ鬼ごっこもスペースの取り方や保育者の関わり方も違ってくる。そのため，各学年・各クラスにて情報共有を行い，それぞれの遊びが十分に満足できように環境を構成する。

　　例えば，入園して間もない3歳児がいきなり5歳児と同じ砂場で遊ぶと，5歳児のようなダイナミックな遊び方はできないため，気後れして遊べないだろう。また，水や遊具をふんだんに使う5歳児を真似して，砂そのものの感触を手指の感覚で味わう経験をしないまま遊具に頼る遊び方になってしまうこともある。

図4-5　園庭の砂遊び

　　このように遊びにより，年齢ごとに身体感覚で経験することを段階的に考えていくことも必要なのである。

　　さらに，図4-6のように，鬼ごっことサッカーの場所を入れ替えることで鬼ごっこにアスレチックを取り入れることができたり，ゴール位置の向きを変えることでボールの軌道が他の遊びを邪魔せずに済んだりするのである。

　　各年齢の子どものからだの使い方や遊びの可動域を読みとり，子どもの運動遊びへの意欲が十分満たされるように適切な環境の設定を心がけたい。

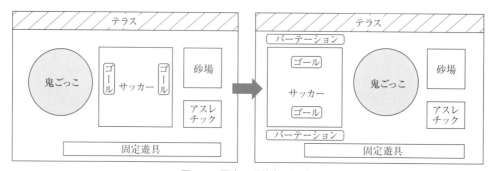

図4-6　園庭の環境（設定例）

(2) 屋外遊びに関わる保育者の役割

保育者が自由遊びの時間ずっと，室内にいる姿が多く見られる。保育所・幼稚園で行われる定番の遊び「鬼ごっこ」は，幼児期に経験したい動きがたくさん含まれている（図4-7）。しかし，園庭での鬼ごっこは，ものを介さない分，集中力が続きにくい（p.64参照）。

保育者が一緒に遊ぶことで目標ができたり，遊び方や環境の工夫に気づいたりすることができる。

図4-7　園庭での鬼ごっこ

表4-2　鬼ごっこの種類とルール

鬼ごっこの種類	ルールや形態の内容
追いかけっこ	オニやコの明確な役割はなく，追いかける・追いかけられることを楽しむ
しっぽ取りなど	何かのアイテムを取り合うことで役割が交代したり勝敗が決まる鬼ごっこ
手つなぎ鬼など	捕まるとオニが増えていく鬼ごっこ
色鬼・高鬼・陣地鬼など	条件となる場所に逃げることで休む時間ができる鬼ごっこ
バナナ鬼・氷鬼など	条件となることばと身振りによって休む時間ができる鬼ごっこ
ねずみとねこ・どろけいなど	鬼と子の両方にイメージとなる役割がある鬼ごっこ
あぶくたった・むっくりくまさん・おおかみさん今何時など	歌に合わせたきっかけで始まる鬼ごっこ
だるまさんが転んだ	動きや逃げる範囲が条件づけされている鬼ごっこ
かくれんぼ	かくれた子を鬼がみつける鬼ごっこの一種
缶けり	鬼に見つからないようにしながら，鬼が守っている缶をける鬼ごっこ

表4-2のように様々な鬼ごっこがあるが，バナナ鬼のようなものはそのときの流行によって鬼ごっこの種類も増える。そうした派生的なルールの伝達を介することも保育者の役割となる。

また，鬼ごっこやかけっこ・リレー，サッカーやドッジボールを子どもと行う際，保育者がわざと負ける場面をよく目にする。3歳児はまだ友だちと比べての判断ができない段階で，ただただ自分が走ることが楽しい時期である。勝負をつける必要はなく，個々の走り切った満足感を褒めて次への意欲につなげたい。

対して4，5歳になると勝ち負けが理解できるようになってくる。保育者がわざと負けるといった場面をつくるのではなく，子ども同士の勝負で勝ち負けを経験できる場面をつくるようにしたい。保育者が関わる場面においても，いつも保育者が負けるのではなく，あと少しで勝てそうだったという経験は「もう1回やりたい」という意欲を生む。

負け続けて意欲が減退しそうなときには，ルールを加えるなどして僅差で勝負できるようにする。工夫して勝てたという喜びはより大きく感じるだろう。

鬼ごっこは①全力で走ることができる　②からだをコントロールする動きができる　③予測したり考えたりすることができる　④人数や年齢に応じてルールを変えることができる。といった要素がある。それぞれについて難度を上げる工夫を子どもと一緒に考えるのもおもしろい。

2. 固定遊具

(図4-8)

　固定遊具とは，園庭に固定された大型遊具のことである。その目的として，日常的な生活や遊びの中では経験しにくい，からだ全体を動かす運動遊びを体験できること，友だちとイメージを共有して一緒に遊ぶことを通して社会性を身につける場となることがあげられる。

　主な遊具はブランコ，ジャングルジム，滑り台，鉄棒，太鼓橋，登り棒，雲梯，砂場，総合大型遊具（アスレチック）などである。子どもたちはこれらの固定遊具をそのおもしろさや遊びのための見立てとして使っていることが多い。揺れる心地よさ，登ったり渡ったりする挑戦への意欲，基地や隠れ場所・家や店に見立てる楽しさを味わいながら，無意識に様々な運動機能を使っているのである。保育者には，子どものアイデアを大切にしながら固定遊具を安全に楽しく使える援助が必要となる（右図 固定遊具）。

3. 可動遊具

(図4-8)

　可動遊具とは，子どもが遊びに応じて自由に移動できる遊具のことである。主な可動遊具として，三輪車，スクーターなどの乗り物遊具，ボール，縄跳び，フープなどの運動遊具，シャベル・砂型などの砂遊び遊具，自然遊びやままごとなどのごっこ遊びに用いる遊具や廃材，ゴール，ゲームボックス，タイヤ，ビールケース，木箱などの遊具・廃材がある。これらの可動遊具を使うことにより戸外での遊び方は無限に広がる。子どもの遊びのイメージに合わせて環境に取り入れるが，各年齢の園児数や育ち，遊びの内容や運動的な効果，利用状況などに応じて必要な種類・数を考え，子どもだけでも利用可能な安全性および耐久性を備えたものを用意することが重要である（右図 可動遊具）。

4. 自然環境

(図4-8)

　花を摘もうと手を伸ばしたり，実ができているのを覗き込んだり見上げたり，蝶やトンボを取ろうと走り回ったり，アリの様子をしゃがんでじっと見ていたり，風を利用した遊びを楽しんだり，自然環境は様々な運動経験を子どもにもたらしてくれる。

　例えば，砂遊びや水遊びには可塑性があるため，何度でも挑戦することができる。さらさらとした砂と水を含んだ泥では扱う手指の操作も変わってくるし，掘ったり積み上げたり全身で砂遊びを楽しんだり，放水される水の流れや水圧を感じることもできる。子どもは感触を味わいながら遊びの工夫や適切な扱い方を身につけていくのである。

　こうした自然環境に子どもの興味・関心を向けるのは保育者である。自然環境はすぐその場で用意できるわけではない。一年間の子どもの経験を見通して，戸外の心地よさ，季節の移り変わりを楽しみながらからだを動かすことにつながる自然環境の指導計画を作成することが必要となる（右図 自然環境）。

● 固定遊具

ブランコ
ブランコの前にプランターを置いたり，順番を待つベンチを用意したりすることで安全に楽しむことができる。

砂　場
砂場で使う遊具も離れた所に道具かごを置くことで，砂場の縁をまたぐ上下運動になる。

ジャングルジム
ジャングルジムや登り棒などは降りるときの方が難しい運動機能を使うので援助する。

総合型遊具
総合型遊具は，鬼ごっこやごっこ遊びなどとの融合遊びで楽しみながら様々な運動機能を育むと共に社会性も身につけることができる。

● 可動遊具

水やラインで道を描くと様々な動きを経験できる。

台足にゴムをかけると持ち手がいなくても遊べる。

縄跳びの代わりにフープ。たるまない分，跳びやすい。

● 自然環境

砂遊び
思った以上に運動量がある砂遊び

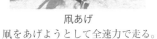
凧あげ
凧をあげようとして全速力で走る。

花摘みも手指の操作を促進
花摘み

木陰をかくれんぼやお家ごっこに利用する。
自然のものを利用

図4-8　いろいろな遊具の安全性と自然環境

SECTION 3　園外保育における環境の活かし方と配慮

ねらい：保育所における設置基準の規制緩和により，園庭をもたないだけでなく，園内で運動遊びを行うには
　　　　不十分な保育施設も増えている。園内では経験できない活動を補うために，地域の公園や自然環境を
　　　　利用した保育プログラムを設定している保育施設も少なくない。
　　　　ここでは，園外に出るときの安全面の配慮と園外の環境を十分に活かした計画について確認する。

1. 近隣への散歩

　園庭の広さや園児の活動によって近隣への散歩を保育プログラムに組み込んでいる保育施設は多い。特に保育所は，ほぼ毎日近隣への散歩を実施しているところがほとんどである。散歩先までの安全性や連れていく園児の年齢・発達・人数，引率する保育者の数によって，様々な配慮が必要である。近年，散歩時の交通事故など痛ましい事故がニュースになっていることも視野に入れ，往復経路の選択や園児の並び方，引率保育者の配置に配慮する。散歩先では思いっきりからだを動かせるような場所の選択，固定遊具の安全確認，トイレの確認などを行う。夏場は日陰の有無，水道使用の安全性や遊具の温度の確認も必要である。

　一方で，園内では経験できない散歩の楽しさを味わえるようにしたい。目的地までの道のりも子どもにとっては刺激となる環境である（表4-3）。子どもの視線は狭く下を向きがちなので，空や周りの景色にも目を向けられるような声掛けもあるとよい。

　また，時間に余裕をもち，子どもの発見に共感したり友だちと共有したりできるゆとりをもつようにする。さらに，園外の活動では子どもの気持ちが高揚しがちなので，思いっきりからだを動かす動的な遊びと自然散策などの静的な遊び・休憩をバランスよく組み合わせるとよい。

表4-3　散歩の道程で触れ合う環境

散歩の道程の環境	触れ合うもの
自然環境との関わり	道端の草木・花壇・街路樹の四季の変化，空や風などの自然事象，生き物との触れ合い
物的環境との関わり	縁石や階段など子どもの挑戦心をくすぐる環境，信号・看板など視覚的な刺激のあるもの
社会的環境との関わり	いつもの道のりで出会う地域の人びと，お店や駅，交番など公共的な環境

　習慣的な近隣への散歩は，戸外遊びを継続的に経験できる機会となる。また保育所周辺の様々な環境に触れることができ，植物や虫など季節による変化を子どもたちに感じさせることができる。安全に最善の配慮をしながら，子どもに「明日はどうなっている

図4-9　季節の花々

かな」,「この前はこうだったよね」など，毎日のつながりをもてる声掛けを行うことで身近な環境に目を向ける意欲や継続的に挑戦する気持ちを高めることも大切である。

2. 園外保育で活用する公共施設・屋内施設

(1) 身体調節能力を促進する

遠足でも公共施設や屋内施設を利用すると，日常生活に必要な運動機能を高める経験となる。また，公共の駅や電車・バスを使うことで，歩幅の違う階段の上り下りや揺れに対する体感を経験できる。

図4-10 バスの乗り降り

近年，登降園時のバスや自転車，家庭生活でのエレベーターやエスカレーター，適齢期を過ぎたベビーカーなどの使用により，幼稚園入園時につぎ足（片足ずつ交互に段を踏んで上がれない）である子どもが多くなっている。また，屋内施設には様々な死角があるため，むやみに走ったりよそ見をしたりできない。そういったことを体験することで危険予期の経験もできる。

保育者は，単純に運動遊びだけでは経験しにくい身体の調整能力を促進できる環境があることに意識をもち，有効に活用することが大切である。また，幼児期の子どもは，遊びにおける直接的・具体的な体験を通して，情緒的・知的な発達や社会性を身につけ，社会の一員として，よりよく生きるための基礎を獲得していく。

公共の乗り物や施設の利用は，ルールの必要性や，その意味を幼児なりに実感するよいきっかけとなるため，機会があれば積極的に利用するとよい。

表4-4 園外保育で活用する公共施設・屋内施設

駅，バス停
図書館，児童館，公民館
プール（屋外・屋内），体育館，近隣の小・中・高校
水族館，プラネタリウム，博物館，科学館，美術館

(2) 五感を養う

電車やバスを利用する場合，いつもと違う景色が見られたり，はじめて見る動・植物に出合ったり，絵本に出てくる車や建物を見つけて，感動することもあるだろう。

このように豊かな体験を通して，子どもの興味や感心が高まるきっかけをつくることができる。

さらに，子どもが外の刺激を受けて，五感を育むというねらいがある。季節をからだで感じたり，園内では体験できない外の様子を実感することによって，五感がそれらを受けとめ，心をくすぐるものを感じとることができるのである。

3. 遠　足

遠足は日常生活では経験できない体験をするものであり，遠足ごとのねらい及び内容は年間計画に組み込まれる。幼稚園や保育所で計画される遠足には表4-5のようなものがある。運動的な活動，自然や社会との関わりを通して子どもに経験させたいものを吟味し，場所や活動内容を計画する。その時期にしか経験できないこともあるため予備日や雨天代替案を設定し，安全の確認や環境把握を行うために実地踏査(下見)を行う。

表4-5　保育で行われる主な遠足

時　期	遠　足	子どもの経験
4〜5月	親子遠足，自然広場のある遠足	(親子のつながりを楽しみながら)広い環境で身体を動かして遊ぶことを楽しむ
6月	水族館遠足，プラネタリウム遠足	雨天でも楽しめる施設で，夏の自然に触れたり，興味・関心をもつ
7月	水遊びのできる親水公園など	水遊びの楽しさを味わう
10〜11月	秋の自然に触れる遠足・芋ほり	秋の自然物に親しみ，興味・関心を深める 秋の収穫物に触れ，収穫の喜びを味わう
11〜12月	観劇，展覧会，音楽会　など	文化的な催しに触れ，楽しさや美しさを味わう
1月〜2月	冬の自然に触れる遠足	冬の自然に親しみ，興味・関心を深める 寒い中でも存分に身体を動かす楽しさを味わう 注〕土手滑りやおしくらまんじゅう，凧あげの経験
3月	お別れ遠足(年長児)	友だちとの思い出をつくる

遠足では解放感を味わいながら，園では経験できない運動体験を組み込む。園にはない大型アスレチック，広い野原や勾配のある森，長く続く縁石，芋ほりの収穫など，様々な運動体験や挑戦できる環境があること，非日常感から得る満足感や自信も大きい(図4-11，表4-6)。したがって，子どもの行動を規制する関わりがなるべく少なくてすむように実地調査から計画・準備を念入りに行うことが大切である。

〈遠足の実地調査のポイント〉
① 　園から遠足先への安全な経路，使用する交通機関，引率しての所要時間を確認
② 　遠足先での環境を確認
　•駅や駐車場から広場や施設までの安全・経路・所要時間など。
　•トイレ：場所，数や洋式・和式，ペーパーの有無，手洗場の高さなど。
　•昼食場所：引率する園児(親)数に対する広さ，日陰の確認，テーブル・椅子の数など。
③ 　園外保育のねらいに即した環境の確認
　•四季折々の自然物，見学物，活動する広場・遊具，子どもの動線など。

〈遠足までの準備〉
① 　当日の遠足プログラムの確認：登園から帰園まで，移動動線や保育内容，手順の確認
② 　遠足活動の充実：バスレクリエーションや遠足先での活動の選択(表4-6)，援助，

● 遠　足

公園で

広い公園などで走ったり，転がったりを
存分に楽しめる。

芋ほり

しゃがむ，引っ張る，など全身運動になる。

鬼ごっこ(森の中)

森の中での鬼ごっこには様々な身体能力が必要になる。
普段の生活にはない凹凸などに合わせた身のこなしの経験

図4-11　遠足での遊び

安全指導

③　保育者などの役割分担：広範囲での保育であることを意識し，保育者間で遠足の進
　　行や時間管理，トラブル対応，連絡経路などを分担する。役割分担を基本に臨機応
　　変に動けるようにする。

④　保育者などの持ち物：保育活動のための教材，救急用品など。

⑤　保護者への連絡：遠足の日時，準備するもの，薬などの個人情報，緊急連絡先など。

表4-6　遠足での遊び

遠足の環境	遊びの例
バスレクリエーション	・クイズ・なぞなぞ・手品 ・ジェスチャーゲーム／(バスの中・窓の外)見つけた！ゲーム ・(遠足に関連した)手遊び／リズム遊び
公園，広場，アスレチック	・かけっこ／鬼ごっこ(陣地鬼・しっぽ取りなど目標があるもの) ・だるまさんがころんだ／グリコ／どんじゃんけん／じゃんけん列車／猛獣狩り ・リズムダンス／体操　・アスレチックを活用した遊び(サーキット) ・自然散策(花・葉・実集め／虫探し／風など自然事象を利用した遊びなど)
森林公園，土手，親水公園	・探検ごっこ／自然環境を利用した鬼ごっこ ・土手を利用したダンボール滑り　・水遊び ・自然散策(花・葉・実集め／虫探し／風など自然事象を利用した遊びなど)
動物園，植物園	・動物や植物の観察・発見　・生き物との触れ合い　・オリエンテーリング
遊園地，テーマパーク	・施設内の遊具 ・オリエンテーリング　・MAPづくり

5章　運動遊びにおける安全管理

SECTION 1　事故の実態と要因

ねらい：日本の保健衛生環境は世界的にみても優れた水準にある一方で，子どもの死因については不慮の事故が世界各国と比較しても多いことが特徴としてあげられる。

ここでは，日本の子どもの不慮の事故の実態を把握すると共に，不慮の事故の要因について理解する。

1.　事故の現状

（1）　子どもの死因について

日本の保健水準は国際的にも高く，死亡率の低い国として知られている。特に，生後1年未満の死亡率である乳児死亡率は世界的にもトップクラスの低さを誇っている。

一方，あまり知られていないが，日本では1歳以降の死亡率は欧米諸国と比較しても高い割合を示している。その中でも，とりわけ「不慮の事故」が多いのが特徴である。近年では社会的な関心の高まりなどを受け，若干の減少傾向は示しているが，依然として「不慮の事故」は，死因の上位にあり，日本の乳幼児死亡を改善していく際の大きな課題といえる（表5-1）。

表5-1　乳幼児の死因

	第1位		第2位		第3位		第4位		第5位	
	死　因	死亡数 死亡率 （割合）	死　因	死亡数 死亡率 （割合）	死　因	死亡数 死亡率 （割合）	死　因	死亡数 死亡率 （割合）	死　因	死亡数 死亡率 （割合）
0歳	先天奇形，変形及び染色体異常	623 67.8 (35.6)	周産期に特異的な呼吸障害及び心血管障害	262 28.5 (15.0)	不慮の事故	64 7.0 (3.7)	乳幼児突然死症候群	57 6.2 (3.3)	胎児及び新生児の出血性障害及び血液障害	50 5.4 (2.9)
1〜4歳	先天奇形，変形及び染色体異常	152 4.0 (23.6)	不慮の事故	83 2.2 (12.9)	悪性新生物	73 1.9 (11.3)	心疾患	31 0.8 (4.8)	肺炎	24 0.6 (3.7)
5〜6歳	悪性新生物(腫瘍)	82 1.6 (22.6)	不慮の事故	75 1.5 (20.7)	先天奇形，変形及び染色体異常	40 0.8 (11.0)	その他の新生物(腫瘍)	14 0.3 (3.9)	心疾患インフルエンザ	12 0.2 (3.3)

資料：厚生労働省「人口動態統計」(平成30年度)
注〕死亡率は人口10万対，（割合）はそれぞれの年齢別死亡数を100としたときの割合（%）である。

（2）　子どもの不慮の事故の実態

不慮の事故の内訳に目を向けると年齢ごとの傾向が見てとれる。例えば，0歳で最も多い状況は窒息であり，不慮の事故による死亡の7割以上を占める。消費者庁の調査に

よると，0歳児の窒息の状況としては，顔がマットレスに埋まる，寝具が顔を覆うなど，就寝時に発生するものが最も多く，窒息事故の約3割を占めている。窒息による死亡は年齢が上がるにつれて減少する傾向にある一方で，溺死および溺水や転倒・転落，交通事故による死亡は0歳を超えると増加する（表5-2）。これは，子どもの発達状況の変化やそれに伴う活動形態の変化によるものである。これは死亡事故の状況の違いだけではなく，同じ状況でもその背景は異なってくる。

　例えば，溺死および溺水は年齢が上がるにつれて増加の傾向を示しているが，1歳までのその多くは浴槽内で発生している。しかし，2歳を超えるその発生場所は屋外，つまり海や池，川へと変化していくのである。

表5-2　不慮の事故による死亡の状況

	総　数	窒　息	溺死および溺水	交通事故	中　毒	転倒・転落	煙火および火災	その他
0歳	64(100.0)	51(79.7)	6(9.4)	3(4.7)	0(0.0)	1(1.6)	0(0.0)	3(4.7)
1〜4歳	83(100.0)	18(21.7)	17(20.5)	32(38.6)	1(1.2)	7(8.4)	3(3.6)	5(6.0)
5〜14歳	140(100.0)	12(8.6)	37(26.4)	60(42.9)	1(0.7)	4(2.9)	8(5.7)	18(12.9)

資料：厚生労働省「人口動態統計（平成30年）」
注〕（　）はそれぞれの年齢別死亡数を100としたときの割合（%）である。

(3)　教育・保育施設での事故

　保育施設で発生する事故の状況については，内閣府が毎年公表している「教育・保育施設等における事故報告集計」が参考になる。報告の対象となる事故は，「教育・保育施設等で発生した死亡事故や治療に要する期間が30日以上の負傷や疾病を伴う重篤な事故等」とされている。平成31年1月1日から令和元年12月31日の1年間の報告では，表5-3のとおりの事故発生件数となっている。認可保育所が最も多い881件であるが，それぞれの教育・保育施設の数はもちろん，人数や保育時間，活動内容なども異なるため単純に比較することはできないので注意が必要である。いずれにせよ，幼稚園や保育所をはじめとする教育・保育施設では毎年1,000件を超える事故が発生し，5〜10件前後の死亡事故が起きているのである。また，この件数を見て単に多いか少ないかの議論をすることも早計である。先の日本の死亡事故や不慮の事故の件数と比較すると，教育・保育施設で発生している死亡事故の件数は相対的に少ない。これについてももちろん単純には比較できないが，例えば，自宅保育，つまり家庭との比較では教育・保育施設の方が統計学的にも低い発生率を示すといわれている。ただし，発生件数や発生率が低ければそれでよいわけではない。

　教育・保育施設では，幼稚園教諭や保育士といったいわゆる専門的な知識・技術を有する保育者が業務として子どもを保育している。子どもの安全を確保することもその業務の範疇であり，保育者に課せられた役割である。したがって，教育・保育施設で発生する事故についてはゼロ（0）を目指すことが求められ，ゼロ（0）に向けて取り組むことが大切といえる。

表5-3　教育・保育施設における事故の状況

	負傷等	意識不明	骨　折	火　傷	その他	死　亡	計
幼稚園 （4,601か所）	35	0	29	0	6	0	35
認可保育所 （23,573か所）	879	6	676	3	194	2	881
認定こども園 （7,208か所）	333	1	272	2	58	0	333
認可外保育施設 （7,689か所）	18	0	16	1	1	3	21

資料：内閣府「令和元年度 教育・保育施設等における事故報告集計」をもとに著者作成
注〕認定子ども園は，要穂連携型認定こども園及び幼稚園型認定こども園，保育所型認定こども園，
　　地方裁量型認定こども園の合計である。
　認可外保育施設は，認可外保育施設及び認可外事業所内保育施設の合計である。
　か所数は，認可外保育施設のうちの認可外事業所内保育施設は平成30年3月31日時点，それ以外は
　平成31年4月1日時点のか所数である。
　「意識不明」は，事故に遭った際に意識不明になったものである。
　「骨折」には，切り傷やねんざ等の複合症状を伴うものが含まれる。
　「その他」には，指の切断，唇，歯の裂傷等が含まれる。

2.　事故の要因

　保育中に何らかの事故が発生したとき，その背景にはいくつかの要因がある。その要因とは，人的要因，物的要因，環境要因などがある。

（1）　人的要因

　人的な要因とは，いわゆる人（人間）の行動が事故発生の背景にあることである。具体的には間違えたり，見落としたり，勘違いしたことが結果的に事故につながってしまった場合である。ほかにも，知らなかったが故の間違いや意図的な違反などもある。人間はそもそもミスをする生き物であり，いくら注意や意識をしていたからといってミスをしない保証はどこにもないのである。加えて，この人

図5-1　川遊び

的要因には子どもの行動も含まれる。特に保育中では，子ども自身の行動そのものが事故に直結することも少なくない。廊下を走って物や他の子どもと衝突したり，棒などの長いものを振り回して自分や他の子どもに当たって怪我をするなどである。また，子ども自身に遊具・道具で遊ぶ十分な力が身についていないにも関わらず使ってしまうことが事故につながることもある。子どもは好奇心や冒険心の塊であり，新しい物や自分の力が及ばなさそうなものに対して挑戦しようとする（図5-1）。保育者は，子どもの興味や関心に目を向けると同時に，子どもの行動を予測し，子どもの遊ぶ能力を見極めながら子どもの行動や遊び方を見立てることが大切となる。仮に子どもの予期せぬ行動が事故につながったとしても，その事故の責任を子どもに転嫁することは当然のことながら

できない。したがって，保育者は子どもの成長発達に基づき，遊ぶ力の把握や行動をする力を養っていくことが求められる。

（2）　物的要因

　物的要因は，子どもが生活や遊びで関わる道具や遊具，物などである。道具や遊具には，それらを使う対象年齢が示されていることが多い。この対象年齢は一つの目安になるものであるが，そこから大きく外れてしまうと子どもにとって無理な使い方を強いることになり，結果として事故につながることが予測される。また，道具や遊具の不具合にも注意を要する。特に，遊具の損傷は直接

図5-2　シーソー遊び

的に事故につながりかねない。加えて，物的要因には，生活に不可欠なものも少なくない。食べ物がその一つである。食事は，睡眠や水遊びと並んで，保育場面での事故につながる代表的なリスクである。発生する事故は主に誤嚥による窒息であり，嚥しゃく機能や咀しゃく機能が未成熟な乳幼児では，食べ物の特徴を考慮しながら，与える際の形状や食材そのものを検討することも大切である。

（3）　環境要因

　環境要因には人的要因や物的要因も含まれるが，ここでは仕組みについて触れる。仕組みとは，いわゆるルールやマニュアルなどであり，ルールやマニュアルの不備や不十分さが事故の要因になり得ることがある。例えば，人数確認の方法はその一つである。人数確認は，保育者が子どもの把握をするために日常的に行う行為であるが，場面ごとに人数確認の方法が吟味されている例は，それほど多くないのが現状である。早く人数確認を行おうとすれば確実性が損なわれるかもしれないし，確実性を重視すれば人数確認に要する時間が多くなる。園内での活動場所を移動する際の人数確認であれば，万が一人数確認が不十分だったとしても，気づいたときに探す範囲も限定され，また園内であれば他の保育者が人数確認から漏れていることに気づいて大事に至らないかもしれない。一方，近隣の公園など園外に出かけて行う人数確認では，人数確認の不備が子どもの生命を左右する出来事に発展する可能性も十分にある。園内の人数確認の精度が低くてもよいわけではないが，園外で行われる人数確認は，園内で行われる人数確認とは異なった方法で行われてしかるべきである。先にも触れたとおり，人間はミスをする生き物であり，ミスをすることを前提としたルールづくりやマニュアルの整備が必要となる。
　同時に園内で用いられるルールやマニュアルは，保育者が用い，保育者がルールやマニュアルに従って行動すべきものであり，子どもに適用するものではない。子どもがルールやマニュアル通りに行動しないで事故が起きたとしても，その責任を子どもに課すことはできない。子どもは予想外の行動をすることを前提として，それに対応するためのルールやマニュアルづくりが重要となる。

3. 事故の要因とリスク

　ここで触れた事故にいたる人的・物的・環境的な要因は，いわゆる「リスク」と表現される。リスクは「危険」と訳されたり紹介されたりすることが多いが，正確には，ある行動や行為などによって「わるい結果になる可能性」である。もう少し詳細に表現すると，「危機にさらされる可能性」や「被害や損害がもたらされる可能性」ということになる。ここでの重要なキーワードは「可能性」ということである。リスクは様々な物や人間の行為などの内に潜んでいるが，常に表出されるわけではない。前述した人数確認の方法についても，人数確認の方法に不備があったからといって常に人数確認が十分に行われないわけではないし，それが要因となって必ず事故が発生するわけではない。事故はリスクとそのリスクに関わる「人間の行動の相互作用」によって，リスクが表出されたときに発生するのである。例えば，危険な雪山登山を行ったからといって，必ず遭難するわけではない。危険な雪山登山を行うことは，リスクの大きい状況であるが，適切な準備や装備，さらに適切な行動をとることができれば事故を回避することができる。つまり，リスクを封じ込めることができたということになる。逆に，さほど危険ではない山だからといって，準備不足があったり，靴や服装などの装備が山登りに適していなかったり，不適切な行動をとると，結果的に事故につながってしまう。つまり，そもそものリスクは小さかったが，そのリスクが表出されてしまったのである。

　このように，リスクは可能性であるため，リスクに向き合う人間の行動の仕方によって，結果としてわるい結果（事故）になるかどうかが変化するのである。もちろん，リスクが大きい状況下であれば，事故が発生しやすくなったり，発生した事故の結末が重大になる可能性が高くなる。逆に，リスクが小さければ，たとえ事故が発生したとしても，その結果が軽微になる可能性が高くなる。そこでのリスクに向き合う人間の行動も肝要であるが，子どもの場合にはリスクに向き合う能力が不十分であるため，保育者が補うなどして，リスクを表出しないようにしていく必要がある。加えて，残念ながら人智の及ばないところではあるが，事故にいたるかどうか，また起きた事故の結果が軽微で済むか，重大になるかは，「運」によるところがあるもの事実である。

> リスク＝（物・人・行為・行動に内在する）わるい結果を招く可能性 ≠ 事故

> 事故（わるい結果にいたる出来事）＝リスク × 人間の行為・行動 × 運

　しかし，起きる出来事を運任せにしてしまうということは，責任を放棄しているとも言い換えることができるため，起きるかもしれない出来事に対して保育者としてできることを最大限行っていきたいものである。

> 　保育の現場に限らず，人間の生活では様々なリスクが内在しているため，事故を予防していくためにはまずリスクを小さくすること，そしてリスクに対峙する人間の適切な行動を養うことが求められる。

SECTION 2　運動遊びの中の安全管理

ねらい：身体的運動を伴う遊びは，子どもの成長発達に不可欠な保育活動である。
　　　　ここでは，運動遊びにおける安全管理において保育者が配慮しておく要素について理解する。

1.　保育環境の整備

　日常の生活も含め，保育環境を整えることは保育者の重要な役割の一つである。特に運動遊びでは，子どもが活発に活動するため安全な環境が整えられていないことが思わぬ事故につながってしまう。保育の環境整備といった際，いくつかの観点があるので紹介する。

　まず，保育の現場である教育・保育施設の特性を考慮した環境の整備である。運動遊びに限定して活動ごとに環境を準備し整えていくことも大切であるが，保育現場では一つの場所を複数の目的で使用することが多い。例えば，保育室は朝や帰りの会，給食，製作活動など様々な目的で使われる。ホールや園庭にしても同様である。そのため，保育現場の特定の場所を特定の目的に絞って環境を設定することが難しいのが実際である。したがって，保育現場の環境は常に変化していることを前提に環境整備をしていくことが重要となる。

　また，教育・保育施設では集団生活の場であることから，玄関やホール，園庭などのように複数の年齢やクラスが使う共用部分が数多くあることも特徴である。特に，共用部分では，管理や役割の責任の所在が不明瞭になりやすい。「ここの管理・整備の役割は自分ではない」，「だれかがしてくれるだろう」と思い込みがちである。

　不要な物，危険な物が落ちていないか，遊具や生活用具の不具合がないかなど，すべての保育者で気づく習慣と，気づいたときに直ちに対応できる職員体制を整えておくことが大切である。

2.　室内での運動遊び

　室内での運動遊びの場所としては主にホールや保育室になるであろう。例えば，ホールであれば，日常的に何もない広い空間として確保していることが多い。一方，保育室を使ってゲームやリトミックなど，運動を伴う遊びを行う場合には環境の整備がより重要になる。保育室は日常では机や椅子が配置されていたり，子どもの持ち物を整理しておくロッカーなどがある。このような環境の中で，時間や目的に応じて空間の環境を変化させていくことになるが，室内での運動遊びを行う際には，活動に合わせて不要な物を置かないなどの整備が必要である。

　室内は屋外とは異なり，必要に走り回ったりすることが人や物との衝突につながりかねない。子どもが落ち着いて活動に取り組めるような言葉がけや雰囲気をつくっていくこともリスクを軽減させることにつながる。

3. 屋外での運動遊び

　春や秋の気候のよい季節や天気のよい日に園庭などの屋外で活動することは，子どもにとって有意義な時間である。同時に屋外で思い切りからだを動かして遊ぶことは，成長発達にも不可欠な活動といえる。一方で，園庭は年齢ごとに活動場所が区切られた保育室とは違い，様々な年齢の子どもたちが使う共有スペースになっていることが多い。また日中，特に気候や天気のよい日はどの年齢のクラスの子どもたちも屋外で思い切り遊びたいと思うものである。このような状況になると，園庭という空間に多様な状況の子どもたちが入り混じって様々な活動することになる。このような状況の中では保育者の環境設定や配慮がより大切になる。以下では，屋外での運動遊びにおける安全管理として留意したい点について触れる。

（1）　保育活動の設定

　子どもの運動遊びの設定は，大きく2つに分かれる。1つ目は自由に運動遊びを行う状況であり，2つ目は保育者が運動遊びの種類や内容を設定する状況である。前者を自由保育あるいは自由遊びといい，後者を設定保育という。

①　自由保育

　「自由に遊ぶ」ことと「自由を感じながら遊ぶ」こととは意味が異なるという点に留意したい。保育としての自由遊びは後者である。保育者は，子どもが自由な発想で遊びを展開することができるように環境設定を行う。子どもが興味をもつものや遊びは，それぞれ違うことから，子どもが自分のペースで遊ぶことに重点をおいて見守ることが重要である。園庭や近隣の公園などの広い場所で，保育者が子どもに制限を加えずに好きな場所で好きなように遊んでよいと投げかけることはリスクを高めてしまう。子どもが自由を感じながら，好きなように遊びを選ぶことは大切であるが，それも保育者による環境や遊びの設定があってこそといえる。保育者は子どもたちが安全に，自由を感じながら遊ぶ環境づくりをすることが大切である。

②　設定保育

　保育者がねらいをもって指導案を設定し，それに基づいて行う保育のことを設定保育という。保育者は，子どもの成長と発達に合わせて指導案を立て，設定時間や目的，予想できる子どもの動きをふまえて保育を行う。多くの場合，保育者が活動の目的や内容を設定するため，必然的に場所や道具・遊具なども目的・内容に応じて選別される。この点において設定保育は自由遊びよりも子どもの行動を予測しやすいため，安全をより確保しやすいといえる。しかし，子どもの行動は保育者の予測に反することも多いため，設定保育の状況が保育者の配慮や注意力の欠如につながらないようにすることも意識したい。

> 屋外での運動遊びは，子どもたちの行動範囲や活動量が大きくなるため，保育者が対応できる範囲を超えないようにすることが重要である。

(2) 活動空間の確保

広い園庭で，遊具の空間と走り回ることができる空間とが区別されている場合を除き，多くの園庭では走り回ることができる場所と遊具などが一体化している（図5-3）。行動範囲が広がり，活動がより活発になる園庭では，空間の一体化によって保育者の目が行き届きにくくなり，死角が増えることになる。また，鬼ごっこなどのように思い切り走り回る遊び

図5-3　園庭での活動空間

や，縄跳びやドッジボールのように道具を使う遊びは，他の遊びをしている子どもとの衝突や子ども同士，器具・遊具との接触リスクが高まる。園庭は共用部分であるが，園庭の広さや他クラスの子どもたちの様子に配慮しながら，活動の種類や範囲・区域を検討することが大切になる。

(3) 遊びのルールづくりと遊具の確認

高所からの転落は大きなリスクの一つとなる。鉄棒や雲梯（うんてい），ジャングルジム，総合型遊具など高さのある遊具を使って活動するとき，自分自身の体重を支えきれない，手や足が滑るなどして転落することが予測される。子どもが単独で使うことが危険と考えられる遊具については，子どもだけで遊ばないルールをつくったり，使う際は保育者の適切な見守りやサポートを行うと共に，万が一の転落に備えて遊

図5-4　ジャングルジム遊び

具の下にクッションとなるマットを敷設するなどの対策を講じておきたい。また，玩具を持ったままジャングルジムなど高さのある遊具に上らないといったルールも多くみられる。特に，縄跳びなどひも状のものを持ったまま遊んでいる際には注意が必要であり，実際に縄とびのひもが首に巻きついて窒息した例もある。

(4) 活動に適した服装

特に園庭や公園など，屋外で走ったり，鉄棒やジャングルジム，総合遊具を使ったりする運動遊びでは，活動内容が多様化すると共に子どもたちの活動量も多くなる。これが園庭での活動の魅力でもある。活発に活動することや，大きかったり，高さのある道具を使うということは，その分だけリスクが大きくなることを意味する。行う活動・運動，気候，気温などに適した服装になるように配慮したい。このこともリスクに向き合う人間の適切な行動の一つである。具体的には，身体を動かしやすい服装であると共に，走りやすく遊具などに上るときにも滑りにくい靴などである。また，ひもやフード付きの衣服，からだに対して大きな服などは遊具に絡まって重大な事故につながる可能性が高くなるので，遊ぶ前に確認することも大切である。

SECTION 3　ヒヤリハットとその対応

ねらい：本項では，保育中における子どもの事故を予防する取り組みとしてのリスクマネジメントおよびリスクマネジメントの具体的な手法としてのヒヤリハットの運用と活用について理解する。

1.　リスクとリスクマネジメント

（1）　リスクマネジメントとは

　　事故を予防するにあたり，闇雲に対策を講じていくことには限界があるとともに，非効率的になりがちである。事故を予防するためには経験や，危険と感じたりしたことをもとに対策を立てていくことが大切である。個々の経験や感性は共有されないため，複数の保育者の危険な場所や物などの共有が必要となる保育現場では個々の保育者が独自に取り組んでいくには限界が生じる。この限界を解消していくためには科学的な取り組みとして保育の中に潜む危険を科学的に分析して，対策を検討し，実践していくことが肝要である。このような取り組みを「リスクマネジメント」という。

（2）　リスクと事故の関係

　　第一項でも触れたように，リスクは，「わるい結果になる可能性」があるため，リスクがある物に関わったり，リスクがある行動をとったとしても，必ず危機的状況に陥るわけではなく，危機的状況になる可能性があるということを意味する。ただし，大きなリスクがあるときに，そのリスクが表出された場合には重大な結果にいたりやすくなる。
　　図5-5のように，リスクの高い物に関与したり，リスクの高い状況でリスクが表出されてしまうと，後遺障害や死亡につながるような危機的状況に陥る可能性は高くなる。一方，リスクの低い状況であれば多くの場合で危機的状況に陥る可能性や被害を被る可能性は低くなる。
　　つまり，軽微な結果で収束することが多くなる。しかし，ここで注意しなければならないことは，リスクが低くても危機的状況になる重大な結果にいたる可能性を常に有しているということである。逆に，リスクが高い状況でリスクが表出されたとしても無事に済んでしまうこともある。例えば，マンションの高層階からの転落でも無傷や軽傷で済んでしまう例があるように。
　　人は，このように大きなリスクの状況下で事故が発生したにも関わらず，少ない被害で済んだ場合には「奇跡的」と表現する。一方で，リスクの小さい状況の中で重大な結果になったときには「不運」あるいは「運がわるかった」と表現する。残念なことではあるが，結果がどのようになるかは運・不運といった人智の及ばない領域が存在することも事実である。しかし，事故の結果のすべてを運・不運に委ねてしまうことはあまりに刹那的であり，それでは保育者の責任を十分に発揮しているとはいえない。

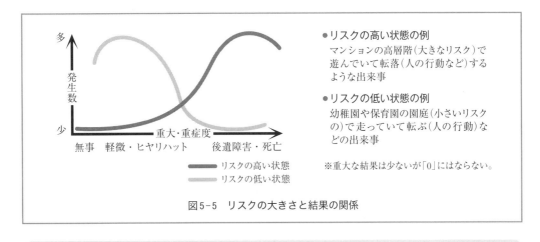

● リスクの高い状態の例
マンションの高層階(大きなリスク)で遊んでいて転落(人の行動など)するような出来事

● リスクの低い状態の例
幼稚園や保育園の園庭(小さいリスクの)で走っていて転ぶ(人の行動)などの出来事

リスクの高い状態
リスクの低い状態

※重大な結果は少ないが「0」にはならない。

図5-5　リスクの大きさと結果の関係

> リスクマネジメントを通して,事故そのものをなくしていくための取り組み,そして事故が発生したとしても,その結果を最小限に食い止めるための取り組みをしていくことは保育者に課せられた役割である。

2.　ヒヤリハット

(1)　ヒヤリハットとは

　効果的なリスクマネジメントを実践するためには,リスクの分析が不可欠である。どのような場面でどのような事故が発生しているかを分析し,原因を検証していくことで,具体的な予防策を検討することができる。ニュースなどで報道される重大な事故についても十分に検証し,自らに置き換えて予防方法を確立していく必要がある。しかし,事故を分析するということは,事故によって被害を受けた子どもが存在することを意味する。当然,このことは好ましい状況ではなく,本来は未然に防ぐことが望ましい。一方で,事故の発生を予見するヒントは日常の保育現場にも数多く存在している。保育現場のほとんどは,図5-5の「リスクの低い状態」のグラフが示す状況である。つまり,保育現場では人的にも物的にもリスクが小さい状況が整備されており,図5-5のように大きなリスクがある状態ではないことが前提である。したがって,保育現場で重大な事故が発生することは稀であり,軽微な事故が頻繁に発生することになる。ハーバート・W・ハインリッヒは,1件の重大な事故が発生したとき,その背後には29件の軽微な事故,300件のヒヤリハットがあるという法則を導き出した(図5-6)。いわゆるハインリッヒの法則である。ヒヤリハットとは,事故には,いたらなかったが「ヒヤリ」とした,または「ハッ」とした出来事を指す。これが事故の背景に数多く潜んでいることから,日常の保育現場にあるヒヤリハットを収集し分析していくことで,事故の予防となるリスクマネジメントを実践する上での有益な情報となる。

図5-6　ハインリッヒの法則

(2)　ヒヤリハットの収集

　ヒヤリハットを収集する日的は，どのような場所，時間，状況で事故が起こるか，また起こりやすいかを分析し検討することである。そのためには，第一に，ヒヤリハットを収集しやすい職場環境が不可欠である。ヒヤリハットは危うく事故につながりかねない状態であり，その背景には保育者の人的な要因が関係していることもある。その際，ミスをした保育者が責められると報告しにくい状況が生まれ，結果的に欲しい情報が収集されなくなってしまう。第二に，ヒヤリハットで収集する情報の選別がある。ヒヤリハットは単に集めることが目的ではなく，収集したものを分析し，事故が起こりやすい背景を検討することにある。そのためには，時間や場所，どのような状況だったかなど，必要な情報をあらかじめ想定し，その情報を盛り込むようにしていくことが大切である。第三に，ヒヤリハットの報告・収集の方法である。ヒヤリハット報告には，あらかじめ準備しておいた園内マップにシールなどで示すものや，文章で記述するもの，チェックシートにチェックしていくものなど様々である。それぞれに一長一短あるものの，重要なことは，統一された必要な情報が報告されること，短時間で報告できるようにすることである。特に，報告に多くの時間を要すると，日常的に慌ただしい保育者にとって大きな負担となり，報告されないままになってしまうことが多くなる。例として，短時間で記述できるヒヤリハット報告の形式を掲載するので参考にされたい（図5-7）。

(3)　ヒヤリハットと対応

　事故予防やリスクマネジメントは誰か一人が行なっていけばよいというものではなく，職員全体で取り組んでいくことが肝要である。ヒヤリハットを収集し，どのような場所や時間に，どのような事故や事故につながりやすい出来事が起きやすいかを分析した結果は，職員全体で共有することが大切である。幼稚園や保育所などの教育・保育施設では業務の性質上，すべての職員が一堂に会して議論することはなかなか難しい。しかし，ヒヤリハットの分析からわかったこと，特に注意が必要な事項などを伝達・共有する工夫が必要となる。収集したヒヤリハット分析の方法としては，時間や場所，活動の種類など，要素別に集計したものを表や図にして示すことが考えられる。また，単に集計するだけでなく，集計した結果から，どのような対策を行うかを考えることも大切である。「子どもが総合遊具で遊ぶときには，保育者がつく」「鉄棒は子どもだけで遊ばないようにする」など，保育者がどのような点に注意をすればよいか，また子どもが遊ぶ際のルールなどを考える時の材料にも活用したい。

　また，ヒヤリハットから得られた情報やどのようなことに注意をする必要があるかを，職員の目に止まりやすい場所に，視覚的に把握しやすい園内マップ（見取り図）にして示すことも工夫の一つである。どのようにすれば職員全体で情報を共有し，実行できるかを考えていくことが求められる。

ヒヤリハット報告

《1. 児童名》　　　　　　　　　《2. 性別》　① 男　　② 女　　《3. 兄弟》（　　　）人兄弟、（　　　）番目

《4. 年齢》　　　　　　歳　　　　ヶ月　　　　《5. クラス》　年長 ・ 年中 ・ 年少 ・ 3 歳未満 ・ 乳児

【ケガの発生と状態について】

《6. 発生日》　　月　　日　　《7. 発生時間》　　時　　分頃　　《8. 天気》 晴れ・曇り・雨・雪

《9. ケガの種類》

① 痛み	② 腫れ	③ 内出血
④ すり傷	⑤ 切り傷	⑥ 刺傷
⑦ 打撲傷	⑧ 捻挫	⑨ 裂傷
⑩ 脱臼	⑪ 骨折	⑫ 挫傷
⑬ 筋腱断裂	⑭ 火傷	⑮ 目のケガ
⑯ 口のケガ	⑰ その他（　　　）	

《10. ケガの部位》複数の場合、最も重い部分=○、それ以外=△

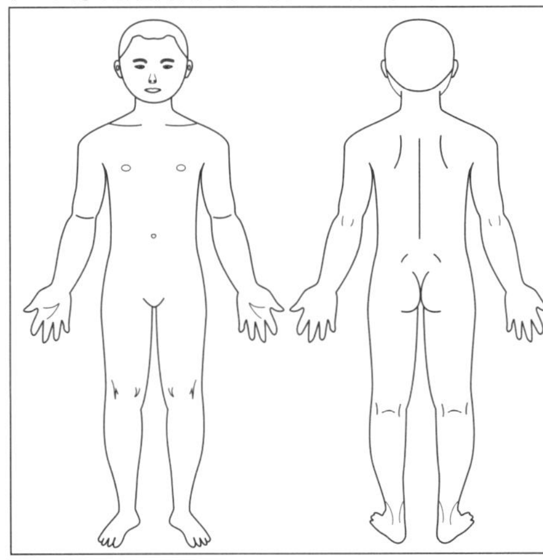

《11. 対処（処置）について》

① 園内で処置（　　　　　　　　　　　）

② 医療機関受診（　　　　　　　　　　　）

《12. 予後について》

① 問題なし　　② 要通院（　　日）③ 要入院（　　日）

《13. 完治に要した期間》　　　　　　　日間

《14. ケガの程度や詳細、ケガをした状況をご記入ください》

【ケガ発生の状況について】

《15. どこでケガがおきましたか？》

① 保育室（　　　　　　　）② 遊戯室（多目的室）　　③ 廊下　　　　④ トイレ　　　⑤ 階段

⑥ 運動場　　⑦ 園外（　　　　　　　　　）　　⑧ その他（　　　　　　　　　　　　）

《16. ケガに関与した人・モノはありますか？》

① 人（ 手 ）　　② 人（ 爪 ）　　③ 人（ 足 ）　　④ 人（ 頭 ）　　⑤ 人（その他：　　　　）

⑥ 遊具（　　　　　　　　　　　）　　⑦ 文房具（　　　　　　　　　）

⑧ 家具（　　　　　　　　）　　⑨ その他（　　　　　　　）　　⑩ なし

《17. 子どもは何の活動をしていましたか？》

① 室内設定保育（　　　　　　　　　　　）　　② 屋外設定保育（　　　　　　　　　　　）

③ 室内自由遊び（　　　　　　　）　　④ 屋外自由遊び（　　　　　　　）　　⑤ テレビ・ビデオ　　⑥ 本・紙芝居

⑦ 歌を歌う　　⑧ 給食　　⑨ おやつ　　⑩ 活動場所移動中　　⑪ その他（　　　　　　　）

《18. 子どもが行っていた活動はどのような年齢集団での活動ですか？（　）は人数》

① 同年齢（　）② 異年齢（　）③ 保育園全体　　④ 1人での活動　　⑤ その他（　　　　　）

《19. 周囲にいた（ケガをした子どもに関わっていた）子どもの数は何人ですか？》

① 1人　　② 2人　　③ 3人　　④ 4人以上（　　）　⑤ なし（ケガをした子どものみ）

《20. 目の届く範囲にいた保育士の数は何人ですか？》

① 1人　　② 2人　　③ 3人　　④ 4人以上（　　）　⑤ なし（子どものみ）

《21. 目の届く範囲にいた保育士の性別と経験年数をご記入ください（いた場合のみ）》

1人目（性別 女 ・ 男）、　　年）、2人目（性別 女 ・ 男、　　年）、3人目（性別 女 ・ 男、　　年）

《22. 範囲に何人の保育士以外の大人がいましたか？》

① 1人（　　　　　　　）② 2人以上（　　　　　　　　）　③ いない

《23. このケガの原因、予防などについてお気づきの事柄をご記入ください》

図5-7　ヒヤリハット報告の参考例

子どものからだと心・連絡会議編：子どもの「からだのおかしさ」，『子どものからだと心白書2020』p.58-59，ブックハウス・エイチディ（2020 a）

子どものからだと心・連絡会議編：疾病・異常（5・11・14歳児における疾病・異常費患率の年次推移），『子どものからだと心白書2020』p.87，ブックハウス・エイチディ（2020 b）

子どものからだと心・連絡会議編：体力・運動能力（新体力テスト合計点の平均値・変動係数の年次推移），『子どものからだと心白書2020』p.124，ブックハウス・エイチディ（2020 c）

子どものからだと心・連絡会議編：体力・運動能力（新体力テストにおける項目別平均値・変動係数の年次推移（11歳）），『子どものからだと心白書2020』p.125，ブックハウス・エイチディ（2020 d）

子どものからだと心・連絡会議編：自律神経機能（寒冷昇圧試験による昇圧反応の加齢的推移），『子どものからだと心白書2020』p.130，ブックハウス・エイチディ（2020 e）

西條修光，寺沢宏次，正木健雄：幼児における大脳活動の発達−高次神経活動の型から−，日本体育大学紀要14，p.25-30（1984）

鹿野晶子，野井真吾：子どもの疲労自覚症状の実態と自律神経機能との関連：自覚症状しらべと寒冷昇圧試験を用いて，発育発達研究62，p.34-43（2014）

鹿野晶子，野田寿美子，野井真吾：朝の身体活動プログラムを実施しているS幼稚園の高次神経活動の特徴―F幼稚園児との比較から―，幼少児健康教育研究18，p.28-3（2012）

鹿野晶子，野井真吾：F小学校における朝の身体活動が子どもの高次神経活動に及ぼす影響：go/no-go課題における誤反応数と型判定の結果を基に，運動・健康教育研究23，p.3-11（2014）

Noi S：The structure of a causal relationship among people's actual feelings on "Physical Fitness" of children, School Health 3, p.39-50（2007）

Noi S, Ozawa H, Masaki T：Characteristics of low body temperature in secondary school boys, International Journal of Sport and Health Science, 1, p.182-187（2003）

Noi S, Shikano A: Melatonin metabolism and living conditions among children on weekdays and holidays, and living factors related to melatonin metabolism, School Health 7, p.25-34（2011）

野井真吾，阿部茂明，鹿野晶子，野田耕，中島綾子，下里彩香，松本稜子，張巧鳳，斉建国，唐東輝：子どもの"からだのおかしさ"に関する保育・教育現場の実感：「子どものからだの調査2015」の結果を基に，日本体育大学紀要46，p.1-19（2016）

野井真吾：保育・教育現場等とのコラボレーションからみた発育発達研究の課題，子どもと発育発達14，p.26-32（2016）

野井真吾，鹿野晶子，田村史江，榎本夏子，田中良，中島綾子，下里彩香，吉永真理：速報！コロナ緊急調査 with コロナ，post コロナ時代の「育ち」と「学び」を考える！，子どものからだと心白書2020（子どものからだと心・連絡会議編）p.8-11，ブックハウス・エイチディ（2020）

野井真吾：国連子どもの権利委員会の「最終所見」にみる日本の子どもの健康課題の特徴："競争的な社会"における子どもの状況に着目して，日本教育保健学会年報28，p.3-15（2021）

野井真吾，鹿野晶子，鈴木綾子ほか：長期キャンプ（30泊31日）が子どものメラトニン代謝に及ぼす影響，発育発達研究41，p.36-43（2009）

野井真吾，鹿野晶子，土田豊ほか：長期キャンプ（30泊31日）が子どもの生体リズムに及ぼす生化学的影響，発育発達研究58，p.25-33（2013）

福田邦三，長島長節：『體育學通論』p.1-20，大明堂書店（1949）

保育所における「散歩」が子どものメラトニン分泌パタンと生活状況に及ぼす影響，こども環境学研究15（3），p.1-6

ボーネルンド：「からだ遊び」の量と種類（2018）
　　https://www.bornelund.co.jp/contents/uploads/sites/2/2018/10/518888158eb7bd01cbc61c1b724061951.pdf

Melatonin metabolism and living conditions among children on weekdays and holidays, and living factors related to melatonin metabolism. School Health 7, p.25-34

文部科学省：幼稚園教育要領解説（2018）

2章 領域「健康」における運動遊び

厚生労働省：保育所における食事の提供ガイドライン（2012）

杉原隆：「現代の子供の現状」幼児教育未来研究会（2007）

富山大学　富山スタディ

　http://www.med.u-toyama.ac.jp/healpro/toyamast/toyamast.html

日本発育発達学会編：「幼児期運動指針実践ガイド」杏林書院（2014）

武藤隆：幼稚園教育要領ハンドブック，学研教育みらい（2017）

文部科学省：文部科学省白書（2016）

文部科学省：平成26年度全国体力・運動能力，運動習慣等調査報告書（2014）

文部科学省：幼児期運動指針，サンライフ企画（2013）

吉田伊津美編著：「楽しく遊んで体づくり！幼児の運動遊び「幼児期運動指針」に沿って」チャイルド本社（2015）

3章 幼稚園・保育所における運動遊び

粍丸武臣編著：「幼児の心身を育てる遊び−めざせガキ大将−」圭文社（2003）

粍丸武臣：「幼児の遊び環境と伝承遊びに関する保育系学生の認識と課題」瀬木学園紀要（12）（2018）

池田裕恵編著：「子どもの元気を取り戻す 保育内容「健康」」杏林書院（2018）

岩崎洋子編著：「保育と幼児期の運動遊び」萌文書林（2018）

厚生労働省：保育所保育指針（2017）

近藤充夫：「幼児のこころと運動」教育出版（1995）

近藤充夫：「三訂 新版乳幼児の運動遊び」建帛社（2000）

近藤充夫監修，町山芳夫編：「もっと楽しく新しく子どもとつくる運動会 Q&A」世界文化社（1993）

財団法人幼少年教育研究所編著：「新版遊びの指導」同文書院（2012）

鹿野晶子，増田修治，野井真吾：保育所における「散歩」が子どものメラトニン分泌パタンと生活状況に及ぼす影響，こども環境学研究15（3），p.1-6（2019）

原田碩三：「新版 幼児健康学」黎明書房（1997）

堀内弓子編著：「子どもの運動遊び」啓明出版（2015）

正木健雄，井上高光，野尻ヒデ著：「脳を鍛えるじゃれつき遊び」小学館（2006）

水谷英三：「実用保育選書3　新しい運動会」ひかりのくに（1980）

文部科学省：幼稚園教育要領（2017）

文部科学省：幼児期運動指針ガイドブック（2013）

吉田伊津美編著：「楽しく遊んで体づくり！幼児の運動遊び「幼児期運動指針に沿って」」チャイルド本社（2015）

米谷光弘著：「すぐできる！盛り上がる‼からだを動かすあそび365」ひかりのくに（2010）

4章 運動を促す環境設定

大竹節子，塩谷香監修：「0〜5歳児の発達と保育と環境がわかる本」ひかりのくに（2012）

河邉貴子，柴崎正行・杉原隆編：最新保育講座7保育内容「健康」ミネルヴァ書房（2001）

神崎幸子，中川秋美編著：「保育を支える生活の基礎〜豊かな環境のつくり手として〜」萌文書林（2018）

無藤隆監修，倉持清美ほか：「事例で学ぶ保育内容領域健康」萌文書林（2007）

5章 運動遊びにおける安全管理

厚生労働省：人口動態統計（2018）

田中浩二：「保育現場のリスクマネジメント」中央法規出版（2017）

内閣府：令和元年度 教育・保育施設等における事故報告集計（2019）

西田佳史 山中龍宏：「保育・教育施設における事故予防の実践」中央法規（2019）

保護者に伝えたい
子どもの健康・運動情報

1. 気晴らしの保障

休息と遊びの権利

　子どもの基本的な人権を国際的に保障するための「子どもの権利条約」が，1990年国連から発行され，日本は1994年に批准しました。

　この第31条では，「休息及び余暇についての児童の権利ならびに児童がその年齢に適した遊び及びレクリエーションの活動を行い並びに文化的な生活及び芸術に自由に参加する権利を認める」とあるように，余暇や遊びの権利が認められています。昨今の日本では，幼少期から習い事や塾に通っていたり，在園・在校時間が長時間化していたりと，子どもが自由に裁量できる時間が少なくなっており，この31条が保障されていないことが多くのところで叫ばれているのです。このような現状を受け，子どもの権利委員会は2019年3月日本政府に対し「第4・5回統合報告審査　最終所見」を発表し，その中では，以下のような勧告がみられます。

生命，生存および発達に関する権利

　「(a) 社会の競争的な性格により子ども時代と発達が害されることなく，子どもがその子ども時代を享受することを確保するための措置をとること」

休息，余暇，レクリエーションならびに文化的および芸術的活動

　「十分かつ持続可能な資源を伴った遊びと余暇に関する政策を策定，実施すること，および，余暇と自由な遊びに十分な時間を割り振ることを含め，休息と余暇に関する子どもの権利，および，子どもの年齢にふさわしい遊びとレクリエーション活動を行う子どもの権利を確保するための努力を強化することを締約国に勧告する」

　この勧告を踏まえ目の前にいる子どもをみたとき，おとなとして子どもの何を認め，何をすべきなのでしょうか。

遊びは休養

　「子どもの主食は遊びです」という標語があるように，子どもは生活のすべてが「遊び」です。少しの時間や空間を見つけ，上手に遊ぶのも子どもの特徴といえます。一方，じっくり遊び込むという時間をもてるのも子どもならではのことです。さらに，遊びは心の休養にさえなるのです。夕方，幼稚園・保育所から帰ってきたとき，

小学生が学校や習い事・塾から帰ってきたとき，疲れているからだですぐに遊び出す姿は，遊ぶことで休養していることを表す姿ともいえます。このように遊びは，子どものからだと心を育てる大変重要な活動といえます。とはいえ，その遊びにおとながいつもつき合う必要はないし，どのような遊びをするかといった提案や環境設定はまったく必要ありません。子どもの気の赴くままに，何も要求しない時間をつくりさえすればよいのです。休養だからこそ，関わらないことも大切だといえます。子どもが遊びの発展を要求してきたとき，おとなが遊びを伝承していくような少々のサポートがあれば十分なのです。

気晴らしの保障

　他方，前述した子どもの権利条約第31条に目を向けると，「年齢に適した遊び及びレクリエーション」との記述があります。ここでレクリエーションという言葉に着目します。レクリエーションは，日本語的に解釈するとみんなで行う遊びやゲーム的な活動といった意味に捉えられますが，和訳すると「仕事や勉強の疲れを癒すための活動や気晴らし」との記述もあります。つまり，その時間に何もしていなくても，ぼんやりしていても，スポーツや活動をしていてもよいのです。ぼんやりしたり，物思いにふけったりしているようなときには，脳内の血流量が集中しているときと同じくらい多くなることもわかっており，さらには，このような時間にひらめきや見通しが生まれることも多いこともわかっています。おとなからみれば意味のないように思われる時間も，子どもにとっては発達のために大切な時間なのだと理解することができれば，ぼーっとしているのもよいことと思えるのではないでしょうか。

　私たちはこの31条を目にしたとき，子どもたちを積極的に遊ばせなければいけない，と思いがちですが，そのような意味だけの条項ではないのだということが，このレクリエーションの解釈からも理解することができます。気晴らしは，やらなければいけないことが多い現代の子どもだからこそ，休養のためにより必要な時間といえ，気晴らしだからこそ，おとなの余分な関与は極力ない方がよいのです。

　遊びの保障には，「時間」と「空間」と「仲間」に加え，その遊びを経験するために伝承されることが求められます。言い換えれば，遊びが伝承されるための「時間」，「空間」，「仲間」の保障ともいえます。対して，気晴らしの保障には，「時間」と「許容」を必要としているのかもしれません。おとなが誘導したり進言したりすることなく，その子どもが自由に過ごしている状態を受け止め，ぼんやりも遊びもそのままにしておく「許容」が求められるのだと思います。

洗足こども短期大学　　石濱加奈子

2. ちょっと気になる子どもや落ち着かない子どもの運動・遊びの効果

　日本では，1990年代半ば頃から「小学校入学当初から授業が成立しない」という問題が各地で起こり，「小１プロブレム」という言葉を耳にするようになりました。そして，その「小１プロブレム」の原因として，「家庭のしつけ」や「小学校の先生の指導力不足」を指摘する声も多く，未だに"しつけ教育"や"道徳教育"に力を注いで，対応しているケースも見受けられます。また，発達クリニックを受診し，薬を服用して落ち着かせるケースも多くみられるようになりました。しかし，厳しくしつけることやすぐに薬を服用し，落ち着いて行動できるようにすることが，子どものためになるのでしょうか？

　もちろん，「しつけ」も大事ですし，薬を服用することによるメリットも多くあると思います。ただ，服用させる前に何か打つ手はないのか？とも思うのです。

　では，どう手を打てば，子どもを落ち着かせることができるのでしょうか？ここでは，これまでに経験した落ち着かない子どもへの私の対応を紹介したいと思います。

要求を受け入れて（興奮を高めて）約束をする

　私の勤めている私立小学校でも，落ち着きのない子どもたちは増えています。私もこれまでに数人の多動な子どもや多動ではないが教室に入れない子どもたちと関わってきました。入学当初は，緊張のためか，行動が目立たないのですが，2～3か月過ぎ，学校生活にも慣れてきた頃，急に授業中に立ち歩いたり，教室を飛び出したりしてきます。そのような子どもたちと関わってわかったことは，「要求を受け入れてあげる」ことの大切さです。授業中飛び出してくる子どもたちは，みんな私の所にきて，「高い高いして」や「ぐるぐる回して」，「肩車して」「少し遊んで」などといってきます。つまり，からだを動かしたくてたまらないのです。

　私は，できる限り「いいよ」といって，それらの要求を受け入れます。そして，子どもたちが満足するように，激しく回したり，高く上げたり，ボールで遊んだりします。すると，「もう1回！もう1回！」とか「もっと！もっと！」というように，子どもの要求がエスカレートします。こうなってくると，しめたものです。要求がエスカレートしてきたところで，「じゃあ，もう1回やったら教室に戻ろうね」と約束をします。不思議と子どもたちの要求に応え，約束した後は，一旦教室に戻ることができるのです。ただ，はじめの頃は，教室に戻っても，すぐに教室を飛び出して，また私の所に「やって！」と来ます。私は，くり返し，要求に応え，約束し，教室に連れ戻します。子どもとの関係性ができてくると，隣で授業を一緒に受けることで教室を飛び出さなくなります。このようなくり返しをどの子どもにも1年半ぐらい

根気強く続けます。すると，どの子どもも3年生ぐらいからは，教室から飛び出さず，授業を受けることができるまで落ち着くのです。もちろん，教室をふらふらと立ち歩いたりすることはありますが，授業中に立って走り回ったり，飛び出したりすることが不思議なくらいなくなるのです。

子どもらしい「興奮」をむき出しにするからこそ，それに見合う「抑制」が育つ

　私が落ち着かない子どもに，このように対応できたのは「興奮は成長のもと」という理論をベースにしていたからです。この理論を教えてくれたのが，日本体育大学の野井真吾氏でした。「興奮は成長のもと」というのは，「興奮」の感情をむき出しにするからこそ，それに見合う「抑制」が育つというものです。つまり，落ち着きのない子どもへの対応は，「抑制」を強いることではなく，「興奮」を高めることが有効であると考えられるのです。

　もう一つ大切にしていることがあります。当たり前のことですが，子どもは子どもらしく「興奮」の感情をむき出しにはしゃいで，夢中になって遊びます。しかし，ただ遊ばせればいいかというとそうではありません。それは，子どもが「何をしたいか」を決めることです。私は，子どもがしてほしいことを受け入れて，やってきました。やらされて遊ぶのではなく，主体的に自ら「何をして遊びたいか」と子どもたち自ら要求することが重要なのです。その主体的に遊びたいと思うことは，その子の発達欲求と考えることができます。そのため，脳を刺激し，発達を促すことにつながると考えられるのです。

「子どもに寄り添う」ことが今一番求められていること

　このように，ちょっと気になる子どもや落ち着かない子どもには，運動すること，遊ぶことがかなり効果的です。しかし，先に述べたように，ただからだを動かして運動するのではなく，その子自身が「何をして遊びたいか」が何よりも重要です。

　落ち着かない子どもの要求をすべて受け入れること，そしてそれに応えることは，本当に大変なことです。肉体的にも重労働です。肩車をしてあげたくても，できないことがあります。しかし誰にでも子どもの要求に応えられることが一つあります。それは，「子どもに寄り添う」ということです。

　子どもに寄り添いながら，「自分のできること」と「子どもの要求すること」を擦り合わせていくこと，そのことが今一番求められていることなのではないでしょうか。

神奈川県私立A小学校 体育専科教員　　山本晃弘

3. 主体的な遊びをひき出す社会の責務

子どもたちのからだを動かす遊びの減少

　国内外において，子どもたちの屋外遊びやからだを動かす運動遊びの減少が心配されています。幼児を対象に行った全国調査では，全身を使った運動遊び（鬼ごっこ，かくれんぼ，ボール遊び，滑り台，砂遊びなど）を行っている時間が，2時間以上の子どもが41.8％いるものの，反対に1時間未満の子どもが21.6％いることもわかっています。この背景には，テレビやゲーム，スマートフォンなどのメディアの普及により，それらを使用した屋内遊びが増加していることも影響しているといえるでしょう。

　本来，子どもたちの生活は遊びが中心です。また，遊びは，主体的な活動であり，自ら創造していくものです。

　ところが，日本の子どもたちに目を向けると，屋内遊びが多いだけでなく，たくさんの習い事に通っているなど，忙しい日々を送っている現状があります。

遊びに遊具はいらない？

　先日，S県にある「森のようちえん」にうかがう機会がありました。そこで驚いたのは，まず園内に遊具がないことでした。園での遊びというと，遊具で遊ぶイメージがあります。でも，この幼稚園には遊具がなく，あるのは一面の芝と森，そして川でした。「いつもどのように遊んでいるのですか？」と尋ねると，「とくに遊び方は決めておらず，子どもたち自身が遊びを考えて，遊びができていくんです」という答えが返ってきました。まさに，子どもたち自身の主体性が生かされている保育というわけです。だからといって，「幼稚園の遊具をすべて排除するべき！」とは思いません。また，すぐ近くに川や森がある幼稚園や保育所だけではありませんので，「自然が必須である」といった提案はナンセンスです。

　まずは，私たちおとなが，子どもたちは自ら遊びをつくり出すことができ，それは遊具がなくてもできるのだ，ということを理解しておくことが大切なのではないでしょうか。保育者や保護者の立場に立つと，少しでも遊びを発展させようと支援したり，こちらでルールを設定してしまうことが多くなってしまいます。ただ，そこをぐっとこらえて，子どもたちの遊びの創造性を見守ってみるということが必要なのかもしれません。

　また，この幼稚園では自由遊びの前に，今日自分がしたいことを主張する時間が用意されているそうです。もちろん子どもたちは，その通りにやることもあれば，全く違うことをやることもあるでしょう。しかし，自分のやりたいことを宣言する

ことができる場の設定は，子どもたちの安心感だけでなく，主体的な遊びを生み出すことにもなっているように思います。そればかりか，意見表明権を行使する力の養成になっているとも思うのです。

子どもたちの好奇心は無限大

　子どもは好奇心にあふれています。ちょっと危険であったり，危ないなーと思う遊びを好んだりします。

　皆さんも子どもの頃のことを思い出してみてください。ちょっと自分にはチャレンジだけどスリリングでドキドキする感覚を経験したことがあるのではないでしょうか。

　諸外国では，ちょっと危険な遊び（Risky Play）の重要性についての研究も活発に行われています。この「Risky Play」とは，高さのあるところから飛び降りる遊びや自分ではなかなかコントロールできないスピードがでる遊びなど，不確実性と身体的リスクを伴うスリリングな遊びを指します。幼児期に自らこの「Risky Play」を行うことは，危険を認知する力やしなやかな身のこなしを高めるということはもちろん，将来的に生活の中で出合う様々なリスクを扱う能力や社会性を高める，という研究結果も報告されています。

　一方で，「安全・安心」な保育環境の保障はもちろん重要です。でも，できそうなちょっと先の遊びに挑戦できる場の保障ということも，子どもの好奇心を刺激するのには大事な要素といえるのです。

　子どもの権利条約第31条が示すように，子どもたちは遊び込む権利を有しています。この解説書ともいえる子どもの権利条約ゼネラルコメント No.17では，「子どもたちが遊びやレクリエーションの機会を利用できる環境は創造性の条件となる」と述べられています。つまり，子どもたちが自由に遊ぶことのできる場や機会の提供は，社会の責務といえるのです。

日本体育大学助教　　榎本夏子

4. テレビやスマホとの上手なつき合い方

電子メディアに奪われる子どもの時間

　日頃から，保健室で子どもたちと接する中で，電子メディア(スマートフォンやタブレット，パソコン，ゲーム機器など)の長時間利用が気になっています。

　先日も保健室に頭痛を訴えてやってきたＡさん。前日の生活の様子を聞くと「21時にはゲームを終えて，22時には寝た」というのですが，その日は午前中で授業が終わり下校しているので，昼過ぎには帰宅しています。実は昼食を食べてから，ずっとゲームをしたり，動画をみたりしていたということがわかりました。7時間近く画面を見続けていることになりますが，本人は，長時間見続けたという自覚がありません。指折り時間を数えて見せると，やっと時間の長さを理解したようでした。

　2019年文部科学省は1人1台端末，学校内へのインターネット環境導入を目的に，数年計画で GIGA スクール構想を打ち出していました。しかし，2020年に拡大した新型コロナウイルス感染症による長期間の休校措置の影響もあって，その予定は前倒しとなり，2021年度から日本全国の小中学生が1人1台の端末を所持することになりました。1人1台端末の時代，子どもたちは否応なしに，電子メディアと接触することになります。自分で自由にメディアを使いこなしていく時代だからこそ，「禁止」，「ダメ」ということではなく，そのメリットとデメリット(気をつけていなかければない点)も含めて，子どもたちにしっかり伝えていかなければなりません。そうはいっても，子どもの適応力は私たちおとなが想像している以上です。

　本校でも4月に入学した1年生がパソコンを使いはじめたのですが，ログインのIDやパスワード入力など，何度か繰り返すうちに，あっという間に習得していきました。すぐにどの機能も使いこなせるようになっていくだろうと思います。

　スマートフォンやタブレット，パソコンなど，子どもたちが使用する機器はそれぞれ違います。しかし，インターネットにつながる環境があれば，誰もがネット上の情報を得ることができます。その先に子どもたちが遭遇するであろう，様々な場面を私たちおとなが想像しておく必要があると思うのです。

　先に報告したＡさんにもいえることですが，スマホやタブレットなどを長時間使うことで，子どもたちのからだと心には様々な影響が現れてきます。

　私たちおとなもパソコンやスマホを長時間使用していれば，目や肩などに疲れや違和感を生じます。幼い子どもたちは，自分自身で，その疲労や違和感に気がつきにくいからこそ，時間の限り画面を見続けてしまうのだと思います。その反面，発達期の子どもたちは，光刺激や電磁波などの影響をもろに受けやすく，注意が必要です。

　電子メディアを長時間使うということは，1日24時間の限られた時間の中から，

何らかの時間が削られることになります。保健室を訪れる子どもたちを見ていると，それは明らかに「睡眠時間」や「からだを動かす時間」なのです。十分な睡眠がとれないことで，体調不良はもちろんですが，ちょっとしたことでカッとしてイライラしたり，落ち込んだりと精神的にも不安定な状態になっていきます。削られていく時間は人それぞれかもしれませんが，「睡眠時間」，「からだを動かして遊ぶ時間」，「食事や入浴の時間」，「友だちや家族と話をする時間」，「ボーっとする時間」など，これらの時間はどれも成長期の子どもたちにとって，不可欠な時間です。からだと心の健康を維持するためには，これまで以上にこれらの時間を意識して大切にしていくことが必要になってくるのではないでしょうか。

社会でつくる子どもとメディアとの関わり方

　朝出勤する電車の中で，ベビーカーに乗った子がじっとスマートフォンの画面を注視している場面に出合いました。スマホの画面とその子の目の距離は 10 cm も離れておらず，画面を食い入るように見ていました。

　電車内ではよく目にする光景ですが，こんな小さなうちから，至近距離で画面を見続けて大丈夫なのだろうかと心配になりました。きっと子どもが静かに過ごすための選択肢の一つなのだと思います。私自身も子育てをしている身なので，子どもが泣き出したり，時間を持て余してしまって騒いだりという状況になり，困ることが多々あります。今の世の中，すべての人が，優しい気持ちで子育てを見守ってくれるとは限りません。実際，バスの中で赤ちゃんが泣いていたりすると，明らかに迷惑そうにしている方がいるのも事実です。「子どもは泣くもの」，「子どもは騒ぐもの」と頭ではわかっていても，こんなときは，どうしても「周囲に迷惑をかけてはいけない」との思いが先にたち，電車でスマホを見せているお母さんの気持ちも理解できる気がします。そうはいっても，長時間電子メディアの画面を見続けることは，幼い子どもたちに様々な影響を与えることはすでに周知のとおりです。お母さんやお父さん自身が，そのことを意識しながらメディアとの関わりをつくっていくことが大切になってきます。

　余談ですが，自宅近くにある公園がリニューアルされました。子どもたちが元気に遊ぶ姿が目に浮かぶところですが，「静かにあそびましょう」の看板が立てられているではありませんか！　公園は子どもたちが元気よく遊ぶことが許されている場所という認識が変わりつつあるのでしょうか。子どもたちが自由にのびのびと遊ぶことができる環境を，メディアに頼らなくても，みんなが温かい気持ちで子育てをサポートしていくことができる優しい社会をつくっていけたらと思います。

東京都私立Ａ小学校　　養護教諭　中島綾子

5. より良い眠りを得るための「光・暗闇の環境」

生活リズムを整えることで良好な睡眠状況にする

　日本各地で「早寝・早起き・朝ごはん」という国民運動が推進されています。わたしも子どもの頃は，両親から「21時までに寝なさい」であったり，平日・休日に関わらず，7時頃になると「そろそろ起きて，朝ごはんを食べなさい」といわれていた記憶があります。そのおかげもあり，日中に眠気を感じることがほとんどないくらいに，当時の睡眠状況はとても良好でした。その一方で，毎日子どもを寝かしつけたり，起こしたりするのは大きな負担となりますし，仕事などの関係からそこまで手が回らない事情もあるかと思います。ここでは，そのような悩みを解決できるようなヒントを紹介していきたいと思います。最初に，「睡眠の状況が良好である」とは，一体どういう状況なのかを知る必要があります。大まかには，以下の2点をどちらも満たしていれば，「睡眠の状況が良好である」といえます。

　①　適切な長さの睡眠時間を確保できていること（3〜5歳であれば，10〜13時間を推奨）
　②　平日・休日ともに生活リズムが規則正しいこと

　寝不足による悪影響はだれでも想像することができますが，「生活リズムを整える」ことの重要性はあまり認識されていないように感じています。これまでの研究から，不規則な生活リズムを改善したら，夜型傾向の生活リズムが改善し，学業成績も向上する可能性が示唆されています。

　ここでのポイントは，「平日の就床・起床時刻」と「休日の就床・起床時刻」をできる限り一定に保つということです。

光・暗闇の環境がメラトニンの分泌リズムを改善させる

　睡眠ホルモンの一つに「メラトニン」というものがあり，生体リズムを評価する際の重要な指標と考えられています。このホルモンは，いつも寝る時刻の1，2時間前から分泌が始まり，寝ている間は多く分泌され，明け方にかけて減少するリズムを示します。しかしながら，最近の子どもは，この睡眠ホルモンが夜になってもあまり分泌されておらず，むしろ，朝の方が多く分泌されていることが明らかになっています。このメラトニンを本来の分泌リズムに改善させるための重要なポイントが「光・暗闇の環境」です。大まかには，以下の2点を意識する必要があります。

　①　日中は，太陽の光を浴びる

　日中に太陽等の明るい光を浴びることにより，メラトニンの分泌リズムが改善するとの報告が多数存在します。ネット上の記事では，朝の光が重要であると見かけ

ることがありますが，光を浴びる“タイミング”というより，光を浴びる“時間の長さ”の方がメラトニンの分泌リズム改善に重要であることが明らかになりつつあります。また，蛍光灯の光を浴びればよいと誤解されることが度々ありますが，室内の蛍光灯の光は約500ルクス，太陽の光は約50,000ルクスと大きな照度（明るさ）の差があります。直射日光を浴びる必要はありませんが，日中は太陽の光を感じることができる窓際の席や屋外等で過ごすことが非常に重要です。

② 夜は，明るい光を浴びない

夕方以降の時間帯は，屋内にある青白い蛍光灯のような明るい光（いわゆる，ブルーライト）は避けなければなりません。なぜなら，ブルーライトの光により，夜間のメラトニン分泌が抑制されてしまうからです。では，「ブルーライトをカットすれば問題ないか」という疑問が浮かびますが，ブルーライトをカットしてもスマホやテレビなどの電子メディアの使用は避けるべきと考えられています。電子メディアを使用することで脳が興奮状態となり，遅寝・遅起きの夜ふかし傾向の生活リズムに陥ってしまうからです。

生活リズムを整える際のヒント

これらの科学的なエビデンスを基に，わたし自身も実践していることを下図に示しました。この図に書かれていることを全部やろうとせずに，できるところから実行してみてください。いくつか風を送る（ヒントを実行する）ことができれば，いずれ風車全体が回る（生活リズムが改善する）ことにつながっていくと思います。

生活リズムを整える7つのヒント

帝京平成大学　田邊 弘祐

6. 行動科学分野の世界的な潮流：24時間行動ガイドライン

24時間の枠組みの中でヒトの行動を把握する

　時間はすべてのヒトに平等であり，「1日24時間」で構成されています。「何を当たり前のことを」と思うかもしれませんが，ヒトの行動を理解するうえで，「1日24時間」という考え方は重要であり，近年，行動科学の分野で注目されているのです。例えば，あなたが30分間のウォーキングを新たに始めるとします。その場合，ウォーキングに費やす30分は，他の活動（スマホを見る，睡眠，友人と話すなど）に費やしていた時間を削ることで捻出されます。このように，ヒトの行動は，24時間の枠組みにおいて相互依存的であり，「ある行動を増やすことは，別の行動を減らすこと」で達成されます。

　私は，「身体活動を通じた子どもの健康づくり」をテーマに研究をしています。当然，「子どもの身体活動を増やそう」を目標にしているのですが，一方で「身体活動が増えた代わりにどの活動が減ったのか」についても同時に着目しています。例えば，身体活動が増えたとしても（一瞬，「バンザイ！」となるのですが…）それが睡眠時間を削った結果であるならば，むしろ健康に悪影響だからです。これまでの研究で，身体活動，座位活動，睡眠は，それぞれ別のメカニズムで健康に影響していることが明らかになっています。そして，十分に身体活動をしていても，その他の時間に座り続けていると，身体活動の効果が相殺される可能性も指摘されています。皆さんの周りにも，せっかくたくさん運動しているのに，その他の時間で座り続けている方（例，家に帰ってからゴロゴロしているなど）も多いのではないでしょうか。

　こうした背景を踏まえ，2016年にカナダで24時間行動ガイドラインが策定されました（次ページ表）。

　このガイドラインの最大の特徴は，「身体活動」，「座位活動」，「睡眠」の3つの基準を取り入れたことであり，年代別におけるそれぞれの基準値が策定されていることです。先行研究より，3つの基準（身体活動，座位活動，睡眠）をすべて満たしていない子どもと比較し，満たす基準が増えるほど（1個 → 2個 → 3個），身体的（体力向上，肥満減少など），精神的（メンタルヘルス改善など），認知的（学力向上など）改善に寄与する可能性が報告されています。最終的には，3つの基準をすべて満たすことが理想ですが，まずは一つの基準を満たすだけでも，健康指標が改善されるといわれているのです。

まとめ：ヒトの行動パターンを評価する際には，一つの要素（例・身体活動）を切り取って評価するのではなく，1日を総合的に評価することが大切です。ぜひ，今回紹介した24時間行動基準を参考にしながら，子どもたちの生活パターンを再確認していただきたいと思います。

表　24時間行動ガイドライン（カナダ）における年齢別の推奨基準

	身体活動	睡　眠	座位活動
1歳未満	様々な形での身体活動（床上での身体活動）が推奨され，多ければ多いほどよい。まだ動けない乳幼児においては，保護者などの監督の下，少なくとも1日30分，乳幼児をうつ伏せにして過ごさせることが推奨される	昼寝を含め，下記の睡眠時間をとることが推奨される ・14〜17時間（生後0-3か月） ・12〜16時間（生後4-11か月）	同じ場所（例　ベビーカー，椅子）に連続して1時間以上，固定されることは好ましくない。電子機器の使用は推奨しない。座っている際には，読書や読み聞かせのような活動が推奨される
1〜2歳	様々な形での身体活動を少なくとも1日180分行うことが推奨され，多ければ多いほどよい	昼寝を含め，下記の睡眠時間をとることが推奨される。また，一貫した起床時間・就寝時間が好ましい ・11〜14時間	同じ場所（例　ベビーカー，椅子）に連続して1時間以上，固定されることは好ましくない。1歳児において，電子機器の使用は推奨しない。2歳児において，スクリーンタイムは1日1時間未満が好ましく，少なければ少ない方がよい。座っている際には，読書や読み聞かせのような活動が推奨される
3〜4歳	様々な形での身体活動を少なくとも1日180分行い，そのうち少なくとも60分はエネルギッシュな遊びが推奨される。多ければ多いほどよい	昼寝を含め，下記の睡眠時間をとることが推奨される。また，一貫した起床時間・就寝時間が好ましい ・10〜13時間	同じ場所（例　ベビーカー，椅子）に連続して1時間以上，固定されることは好ましくない。スクリーンタイムは1日1時間未満が好ましく，少なければ少ない方がよい。座っている際には，読書や読み聞かせのような活動が推奨される
5〜13歳	1日平均60分以上の中強度から高強度の身体活動（主に有酸素性身体活動）を行うことが推奨される。高強度の有酸素性身体活動や筋肉・骨を強化する身体活動は，少なくとも週3日は取り入れることが推奨される	中断のない睡眠を下記の時間とることが推奨される。また，一貫した起床時間・就寝時間が好ましい ・9〜11時間	余暇のスクリーンタイムは，1日2時間未満のすることが推奨される。また，長時間の連続した座位活動は避けた方がよい
14〜17歳	1日平均60分以上の中強度から高強度の身体活動（主に有酸素性身体活動）を行うことが推奨される。高強度の有酸素性身体活動や筋肉・骨を強化する身体活動は，少なくとも週3日は取り入れることが推奨される	中断のない睡眠を下記の時間とることが推奨される。また，一貫した起床時間・就寝時間が好ましい ・8〜10時間	余暇のスクリーンタイムは，1日2時間未満のすることが推奨される。また，長時間の連続した座位活動は避けた方がよい

https://csepguidelines.ca/　筆者が和訳

日本体育大学体育研究所　　城所哲宏

索　引

| 保護者に伝えたい | 子どもの健康・運動情報　p.102〜113 |

執筆者紹介

子どもの運動・遊び
―健康と安全を目指して―

初版発行　　2021年9月30日

編著者Ⓒ　石濱　加奈子

発行者　　森田　富子
発行所　　株式会社 アイ・ケイ コーポレーション
　　　　　東京都葛飾区西新小岩4-37-16
　　　　　メゾンドールI&K ／〒124-0025

　　　　　Tel 03-5654-3722（営業）
　　　　　Fax 03-5654-3720

表紙デザイン　㈱エナグ　渡部晶子
組版　㈲ぷりんてぃあ第二／印刷所　㈱エーヴィスシステムズ

ISBN978-4-87492-378-8　C3075